A OMISSÃO NO PODER
DE POLÍCIA

Viviane Vieira da Silva

Prefácio
Carolina Zancaner Zockun

A OMISSÃO NO PODER DE POLÍCIA

Belo Horizonte

2011

© 2011 Editora Fórum Ltda.

É proibida a reprodução total ou parcial desta obra, por qualquer meio eletrônico, inclusive por processos xerográficos, sem autorização expressa do Editor.

Conselho Editorial

Adilson Abreu Dallari
André Ramos Tavares
Carlos Ayres Britto
Carlos Mário da Silva Velloso
Carlos Pinto Coelho Motta (in memoriam)
Cármen Lúcia Antunes Rocha
Cesar Augusto Guimarães Pereira
Clovis Beznos
Cristiana Fortini
Dinorá Adelaide Musetti Grotti
Diogo de Figueiredo Moreira Neto
Egon Bockmann Moreira
Emerson Gabardo
Fabrício Motta
Fernando Rossi
Flávio Henrique Unes Pereira

Floriano de Azevedo Marques Neto
Gustavo Justino de Oliveira
Inês Virgínia Prado Soares
Jorge Ulisses Jacoby Fernandes
José Nilo de Castro
Juarez Freitas
Lúcia Valle Figueiredo (in memoriam)
Luciano Ferraz
Lúcio Delfino
Márcio Cammarosano
Maria Sylvia Zanella Di Pietro
Ney José de Freitas
Oswaldo Othon de Pontes Saraiva Filho
Paulo Modesto
Romeu Felipe Bacellar Filho
Sérgio Guerra

Luís Cláudio Rodrigues Ferreira
Presidente e Editor

Coordenação editorial: Olga M. A. Sousa
Revisão: Adalberto Nunes Pereira Filho
Bibliotecária: Izabel Antonina A. Miranda – CRB 2904 – 6ª Região
Indexação: Lissandra Ruas Lima – CRB 2851 – 6ª Região
Capa e projeto gráfico: Walter Santos
Diagramação: Juliana Vaz

Av. Afonso Pena, 2770 – 15º/16º andar – Funcionários – CEP 30130-007
Belo Horizonte – Minas Gerais – Tel.: (31) 2121.4900 / 2121.4949
www.editoraforum.com.br – editoraforum@editoraforum.com.br

S586o   Silva, Viviane Vieira da

           A omissão do poder de polícia / Viviane Vieira da Silva; prefácio de Carolina Zancaner Zockun. Belo Horizonte: Fórum, 2011.

           124 p.
           ISBN 978-85-7700-490-4

           1. Direito administrativo. 2. Direito constitucional. 3. Direito público. I. Zockun, Carolina Zancaner. II. Título.

                                                                 CDD: 341.3
                                                                 CDU: 342.9

Informação bibliográfica deste livro, conforme a NBR 6023:2002 da Associação Brasileira de Normas Técnicas (ABNT):

SILVA, Viviane Vieira da. *A omissão do poder de polícia*. Belo Horizonte: Fórum, 2011. 124 p. ISBN 978-85-7700-490-4.

A meus pais amorosos e incentivadores, a quem devo tudo e que, mesmo fisicamente distantes, são sempre muito presentes em minha vida.

À Gitana, minha irmã, amiga leal e depositária do meu amor e admiração.

Agradecimentos

A Deus, por tudo de maravilhoso que acontece em minha vida.

À professora Carolina Zancaner Zockun, pela firme e zelosa orientação, por toda atenção dedicada no desenvolvimento desta obra e pela profunda compreensão a mim dispensada, minha sincera gratidão.

Ao professor Maurício Zockun, por acreditar em mim e conceder-me a oportunidade de lecionar a valorosos graduandos em Direito, que muito me ensinam e cujo contato me enriquece.

Aos amigos Ricardo Santana, Matheus Avelar, Robson Carneiro, Renata e Hilton, Micheline e Silton, Adriana Mallman, Gustavo Amorim, Izolda e Cirleu, Simone Fagá, Dinalva e Renivaldo, Breno Oliveira, Lis e Fábio, Roseana Garcia e Edno Leão pelo carinho, generosidade, incentivo e valioso auxílio com que me presenteiam, cada um de um modo muito especial, tornando minha vida suave.

Aos queridos colegas e amigos de trabalho por compartilharem comigo as alegrias e dificuldades da vida profissional.

Sumário

Prefácio
Carolina Zancaner Zockun 11

Introdução 13

Capítulo 1
O Estado e suas Funções 15
1.1 A função jurisdicional 18
1.1.1 A função legislativa 18
1.1.2 A função administrativa 19

Capítulo 2
Regime Jurídico Administrativo 23
2.1 Princípios da Administração Pública 24
2.1.1 Princípio da supremacia do interesse público sobre o interesse privado e da indisponibilidade do interesse público 25
2.1.2 Princípio da legalidade 27
2.1.3 Princípio da finalidade 31
2.1.4 Princípio da razoabilidade 32
2.1.5 Princípio da proporcionalidade 32
2.1.6 Princípio da motivação 33
2.1.7 Princípio da impessoalidade 34
2.1.8 Princípio da publicidade 35
2.1.9 Princípio do devido processo legal e da ampla defesa ... 36
2.1.10 Princípio da moralidade administrativa 36
2.1.11 Princípio do controle judicial dos atos administrativos ... 37
2.1.12 Princípio da responsabilidade do Estado por atos administrativos 37

2.1.13	Princípio da eficiência	38
2.1.14	Princípio da segurança jurídica	38
2.2	Das relações de sujeição entre a Administração Pública e seus administrados	39
2.3	Do ato administrativo e seus atributos	42
2.3.1	Presunção de legitimidade	43
2.3.2	Imperatividade	44
2.3.3	Exigibilidade	44
2.3.4	Executoriedade	45

Capítulo 3
Poder de Polícia 47
3.1	Breve escorço histórico	47
3.2	Definição	50
3.3	Limite e alcance do poder de polícia	53

Capítulo 4
Omissão no Poder de Polícia 57
4.1	Da responsabilidade por omissão	61
4.2	Deveres do agente público no exercício do poder de polícia	75
4.2.1	Deveres e responsabilidades dos servidores públicos federais	98
4.3	Jurisprudência relevante	101

Conclusão 109

Referências 111

Índice de Assuntos 117

Índice da Legislação 121

Índice Onomástico 123

Prefácio

É com imensa satisfação que apresento a obra *A omissão no poder de polícia*, de autoria da advogada da União, Dra. Viviane Vieira da Silva. Com este trabalho, a Autora obteve o grau de especialista em Direito Administrativo pela Pontifícia Universidade Católica de São Paulo, tendo a banca examinadora concedido-lhe a nota máxima.

Trata-se de aprofundado estudo sobre o tema, em que, previamente à análise dos confins do poder de polícia e das consequências advindas da omissão do poder público em exercê-lo, a autora se detém sobre as bases fundamentais do Direito Administrativo.

E ao assim fazer, revelou com proficiência os pilares fundamentais do seu estudo, tratando de temas cardeais do direito administrativo com desenvoltura e profundidade, como poderá ser testemunhado pelo leitor. Merece especial registro as considerações lançadas sobre a difícil temática das relações de sujeição especial, tema praticamente ignorado pela doutrina pátria, a despeito de sua invulgar importância nos dias que correm.

Adentrando no tema, a autora nos fornece o panorama do pensamento jurídico nacional sobre o poder de polícia, para só então ingressar no problema da omissão no exercício da polícia administrativa. Desse modo, a autora expõe de forma clara e didática as consequências práticas dessa inação estatal, que não podem ser ignoradas por administradores e administrados. Nessa toada aborda os deveres e responsabilidades dos servidores públicos frente à omissão, debruçando-se sobre a tormentosa questão acerca da excludente de responsabilidade por ausência de meios necessários à regular atuação do agente público.

Destaque-se, outrossim, a meticulosa pesquisa jurisprudencial realizada, que a autora não se furtou a examinar de forma crítica.

Ademais, todo o livro está redigido com notável clareza e indiscutível rigor técnico, o que torna sua leitura extremamente agradável e instrutiva. Sem dúvida, é um livro de significativa contribuição para a vida jurídica pátria.

Fui orientadora desta dissertação de especialização e nisto tive muito prazer e praticamente nenhum trabalho, razão pela qual todos os méritos desta obra devem ser creditados unicamente à autora.

Carolina Zancaner Zockun

Professora de Direito Administrativo da PUC-SP. Procuradora da Fazenda Nacional. Mestra em Direito Administrativo (PUC-SP). Doutoranda em Direito Administrativo (PUC-SP).

Introdução

O exercício do poder de polícia administrativa é uma clara demonstração de supremacia do interesse público sobre o particular, uma vez que invade a liberdade e a propriedade das pessoas indistintamente, respeitando a finalidade de atender ao bem comum em um Estado Democrático de Direito.

Busca-se, nesta obra, refletir sobre a atuação administrativa no exercício do poder de polícia; a responsabilização funcional do agente público que deixa de exercer a atividade de polícia administrativa; e sugerir algumas medidas, visando exigir a atuação legítima da Administração quando sua mora implicar desrespeito aos direitos e garantias dos cidadãos.

Inicialmente realiza-se uma rápida abordagem sobre o Estado e as funções estatais, com destaque para a função administrativa (da qual a polícia administrativa faz parte).

No segundo capítulo, sucintamente, discorre-se sobre o regime jurídico administrativo que identifica e individualiza o Direito Administrativo, que tem por objeto de estudo a função administrativa.

O terceiro capítulo traça um breve histórico doutrinário sobre o poder de polícia, resultando na definição contemporânea contendo seus contornos (limite e alcance).

O capítulo quatro trata especificamente da omissão no poder de polícia e suas implicações, a responsabilidade do Estado e dos agentes públicos, os meios de atenuar a omissão do Poder Público, trazendo, ainda, alguns julgados pertinentes.

Conclui-se apontando que, sendo o interesse público a finalidade do exercício do poder de polícia — finalidade, aliás, inerente a todo ato administrativo —, a omissão dos agentes públicos no exercício do poder de polícia pode implicar danos aos cidadãos que devem ser evitados diante: I – da certeza da punição pela não atuação culposa ou dolosa do agente público; II – do exercício da cidadania, via controle dos atos administrativos, pelo manejo das ferramentas já existentes e colocadas à disposição dos administrados.

Capítulo 1

O Estado e suas Funções

Sumário: 1.1 A função jurisdicional – 1.1.1 A função legislativa – 1.1.2 A função administrativa

A palavra Estado vem do latim *status* e significa estar firme.[1] Segundo a definição adotada por doutrinadores pátrios, consiste na organização jurídica de um povo, em determinado território, sob um poder supremo, para a realização do bem comum dos seus membros. Ou, nas palavras de Dalmo Dallari[2] "o Estado é a ordem jurídica soberana que tem por fim o bem comum de um povo situado em determinado território".

---

[1] DALLARI, Dalmo de Abreu. *Elementos de teoria geral do Estado*. 28. ed. São Paulo: Saraiva, 2009. p. 51.

[2] *Ibidem*, p. 119.

Da definição apresentada, e que ora se adota, podem ser extraídos os seguintes elementos identificadores do Estado: *povo, território, poder e finalidade*. Em um Estado democrático (em que os indivíduos — povo — são os titulares do poder), todo o poder emana do povo, que o pode exercer diretamente ou por representantes por ele escolhidos.[3] Ainda, seguindo as definições supracitadas, o poder do Estado possui limite espacial (sendo, portanto, realizado dentro de um determinado território) e tem por finalidade atender ao bem comum.[4]

Cabe mencionar que a ideia de promoção do bem comum vem descrita na teoria do Contrato Social de Rousseau,[5] cuja fórmula consiste em:

> Encontrar uma forma de associação que defenda e proteja a pessoa e os bens de cada associado com toda a força comum, e pela qual cada um, unindo-se a todos, só obedece, contudo a si mesmo, permanecendo assim tão livre quanto antes.

Neste conceito de Rousseau, verifica-se a preocupação em proteger o bem de cada indivíduo, entendendo-se importante, nesse caso, preservar o interesse de cada um, em uma dimensão coletiva, com uma força comum.

---

[3] Vide art. 1º, parágrafo único, da Constituição da República de 1988.
[4] Vide art. 3º, I a IV, da Constituição da República de 1988.
[5] ROUSSEAU, Jean-Jacques. *Do contrato social*, III, p. 360 *apud* VIEIRA, Luiz Vicente. *A democracia em Rousseau*: a recusa dos pressupostos liberais. Porto Alegre: EDIPUCRS, 1997. p. 67. (Coleção Filosofia, 52).

Essa força deve ser desempenhada pelo Estado que garante o bem de todos; ela é o próprio poder do Estado, poder este que é uno, indivisível e indelegável.[6] Por muito tempo e, ainda em Estados totalitários, verificou-se a concentração desse poder estatal em uma única pessoa. Foi examinado, no entanto, que a concentração do poder em uma única pessoa ensejava atitudes despóticas por parte do detentor do poder. No intuito de impedir que os efeitos nefastos da concentração de poderes se mantivessem, Montesquieu sistematizou na obra "O Espírito das Leis" a teoria da tripartição dos Poderes. Por esta teoria, o Estado desempenharia suas funções por intermédio de órgãos e agentes diferentes, de maneira que cooperassem e fossem limitadores da parcela de poder exercida pelo outro. O Brasil traz em sua Constituição[7] a adoção desta teoria, que servirá de referência ao presente livro.

Vale mencionar, que, a despeito da Constituição trazer o vocábulo "poderes", no plural, induzindo a conceber a existência de vários poderes, o poder do Estado, por ser uno, não se reparte: é um só, exteriorizando-se por meio de agentes públicos que exercem funções. A rigor, o que se divide são as funções exercidas por seus agentes. Em outras palavras, o exercício do poder estatal é exteriorizado pela ação dos agentes do Estado no

---

[6] SILVA, José Afonso da. *Curso de direito constitucional positivo*. 24. ed. rev. e atual. São Paulo: Malheiros, 2005. p. 107.

[7] Vide art. 2º da Constituição da República Federativa do Brasil.

desempenho das funções estatais (nesta obra, optou-se em acomodar em três grandes grupos, seguindo a divisão clássica de Montesquieu: funções jurisdicional, legislativa e administrativa).

1.1 A função jurisdicional

Entende-se por função jurisdicional aquela desempenhada pelo Poder Judiciário, a quem incumbe decidir litígios entre pessoas, proferindo decisões definitivas. Por meio dessa função, aplica-se a lei ao caso concreto baseado em uma situação conflituosa e que reclama solução.

1.1.1 A função legislativa

A função legislativa é exercida pelo Poder Legislativo e consiste na elaboração de normas que inovem de forma inaugural o ordenamento jurídico e sejam aplicadas a todos, em geral, e sem ter, aprioristicamente, um caso concreto como destino. Por isso, diz-se tratar de normas abstratas.[8]

---
[8] Cabe anotar a existência de leis de efeitos concretos, como é o caso, por exemplo, das leis orçamentárias, que possuem objeto determinado e destinatário concreto.

1.1.2 A função administrativa

Segundo Celso Antônio Bandeira de Mello,[9] função administrativa é

> a função que o Estado, ou quem lhe faça as vezes, exerce na intimidade de uma estrutura e regime hierárquicos e que no sistema constitucional brasileiro se caracteriza pelo fato de ser desempenhada mediante comportamentos infralegais ou, excepcionalmente, infraconstitucionais, submissos todos a controle de legalidade pelo Poder Judiciário.

Essa função é desempenhada tipicamente pelo chamado Poder Executivo, dada a sua competência precípua: administrar. Acontece que os demais "poderes", além de desempenharem suas funções típicas, administram a si próprios, praticando, na intimidade de sua estrutura hierárquica, atos administrativos (concedendo férias a seus servidores, realizando o procedimento licitatório para realizar suas contratações etc.). A função administrativa consiste em dar concretude às leis por meio de atos administrativos. Os "poderes" do Estado exercem essa função manifestando o querer estatal por meio do ato administrativo (cujo conceito será visto mais adiante). Daí ser corriqueiro identificar o exercício da função administrativa pelos Poderes Legislativo e Judiciário.

---

[9] BANDEIRA DE MELLO, Celso Antônio. *Curso de direito administrativo*. 27. ed. rev. e atual. até a emenda constitucional 64, de 04.02.2010. São Paulo: Malheiros, 2010. p. 36.

Embora adotando a teoria da tripartição das funções estatais, não se pode deixar de mencionar a existência, para alguns autores, de uma função chamada função política[10] ou de governo que não estaria albergada em nenhuma das funções anteriormente descritas. O Professor Celso Antônio Bandeira de Mello refere-se à função política como "atos de superior gestão da vida estatal, (...) praticados com margem de discrição e diretamente em obediência à Constituição".

Exemplo da função política seria o veto do Presidente da República a artigos de lei, a anistia, a iniciativa de leis pelo Presidente da República, a decretação de calamidade pública etc.

Pelos exemplos acima, percebe-se que inexistem: inovação inaugural no ordenamento jurídico, decisões definitivas sobre controvérsias jurídicas, tampouco, gerenciamento rotineiro de órgão público com expedição de comandos infralegais ou infraconstitucionais vinculados no âmbito de uma estrutura hierarquizada.[11]

---

[10] BANDEIRA DE MELLO, Celso Antônio. *Curso de direito administrativo*. 27. ed. rev. e atual. até a emenda constitucional 64, de 04.02.2010. São Paulo: Malheiros, 2010. p. 37, 384.

[11] É digno de nota, no entanto, o comentário de Oswaldo Aranha Bandeira de Mello, *in verbis*: "modernamente, com a substituição do Estado de Polícia pelo Estado de Direito, tal distinção entre atos de governo e de administração afigura-se sem alcance. Isso porque, se no Estado de Polícia os monarcas e os auxiliares, a seu critério, sem limites formais, realizavam a atividade estatal e impunham o que consideravam como o bem-estar do Estado-sociedade, no Estado de Direito toda a atividade dos governantes está subordinada à ordem jurídica, condicionando o exercício das ações dos agentes públicos e assegurando poderes aos cidadãos em face do Estado. Não há mais atividade extrajurídica ou suprajurídica. Os atos de governo, em apartado, constituem

resquício do absolutismo Monárquico, que a Revolução Francesa e a evolução, em outros países, daquele regime para a Monarquia constitucional ainda observou. Portanto, devem se enquadrar em um ramo do direito" (BANDEIRA DE MELLO, Oswaldo Aranha. *Princípios gerais de direito administrativo*. 3. ed. São Paulo: Malheiros, 2007. v. 1, p. 63).

Capítulo 2

Regime Jurídico Administrativo

Sumário: **2.1** Princípios da Administração Pública – **2.1.1** Princípio da supremacia do interesse público sobre o interesse privado e da indisponibilidade do interesse público – **2.1.2** Princípio da legalidade – **2.1.3** Princípio da finalidade – **2.1.4** Princípio da razoabilidade – **2.1.5** Princípio da proporcionalidade – **2.1.6** Princípio da motivação – **2.1.7** Princípio da impessoalidade – **2.1.8** Princípio da publicidade – **2.1.9** Princípio do devido processo legal e da ampla defesa – **2.1.10** Princípio da moralidade administrativa – **2.1.11** Princípio do controle judicial dos atos administrativos – **2.1.12** Princípio da responsabilidade do Estado por atos administrativos – **2.1.13** Princípio da eficiência – **2.1.14** Princípio da segurança jurídica – **2.2** Das relações de sujeição entre a Administração Pública e seus administrados – **2.3** Do ato administrativo e seus atributos – **2.3.1** Presunção de legitimidade – **2.3.2** Imperatividade – **2.3.3** Exigibilidade – **2.3.4** Executoriedade

À organização jurídica a que se submete o Estado chama-se ordenamento jurídico, que é o conjunto de princípios e regras[12] emanadas do Estado e aos quais

---

[12] Oportuno mencionar a diferenciação entre normas, princípios e regras. O Direito se expressa por meio de normas. As normas se exprimem por meio

ele próprio se submete. A esse conjunto de princípios e regras que disciplinam determinado objeto dá-se o nome de regime jurídico. Tratar-se-á aqui do regime jurídico do Direito Administrativo.

Hely Lopes Meirelles conceitua Direito Administrativo[13] como sendo "o conjunto harmônico de princípios jurídicos que regem os órgãos, os agentes e as atividades públicas tendentes a realizar concreta, direta e imediatamente os fins desejados pelo Estado".

Em outras palavras, Celso Antônio Bandeira de Mello[14] ensina que o Direito Administrativo "é o ramo do direito público que disciplina a função administrativa, bem como pessoas e órgãos que a exercem".

Existem muitos princípios a informar o Direito Administrativo. Nesta obra utilizar-se-á, como referência, aqueles descritos por Celso Antônio Bandeira de Mello[15].

2.1 Princípios da Administração Pública

A identidade e autonomia de uma disciplina jurídica, *in casu*, a disciplina jurídica administrativa, existem

---

de regras ou princípios. As *regras* disciplinam uma determinada situação concreta, enquanto os *princípios* são as diretrizes gerais de um ordenamento jurídico, destinando-se a uma *multiplicidade de situações*.

[13] MEIRELLES, Hely Lopes. *Direito administrativo brasileiro*. 32. ed. atualizada por Eurico de Andrade Azevedo, Délcio Balestero Aleixo, José Emmanuel Burle Filho. São Paulo: Malheiros, 2006. p. 40.

[14] BANDEIRA DE MELLO, Celso Antônio. *Curso de direito administrativo*. 27. ed. rev. e atual. até a emenda constitucional 64 de 04.02.2010. São Paulo: Malheiros, 2010. p. 37.

[15] BANDEIRA DE MELLO, Celso Antônio. *Curso de direito administrativo*. 27. ed. rev. e atual. até a emenda constitucional 64, de 04.02.2010. São Paulo: Malheiros, 2010. p. 95-126.

quando se fizerem presentes os princípios e regras sistematizadas que guardem entre si "uma relação lógica de coerência e unidade: o regime jurídico administrativo".[16]

Quanto a isso parece não existir dúvida na doutrina. Neste capítulo, é importante destacar quais são os princípios informadores do regime jurídico administrativo que ordenam o Direito Administrativo dando-lhe o conteúdo e o alcance.

2.1.1 Princípio da supremacia do interesse público sobre o interesse privado e da indisponibilidade do interesse público[17]

O Direito Administrativo, integrante que é do sistema Direito Público, tem suas normas voltadas aos interesses pertencentes à sociedade e não aos particulares, razão pela qual seus princípios vetores — do Direito Administrativo — *são a supremacia do interesse público sobre o privado e a indisponibilidade do interesse público.*[18]

---

[16] BANDEIRA DE MELLO, Celso Antônio. O conteúdo do regime jurídico-administrativo e seu valor metodológico. *Revista de Direito Público*, São Paulo, v. 1, n. 2, out./dez. 1967.

[17] O princípio da indisponibilidade do interesse público vem descrito como basilar no Direito Administrativo no artigo de Celso Antônio Bandeira de Mello ibidem, sem, no entanto, vir repetido como princípio autônomo na obra *Curso de direito administrativo*.

[18] Nesse ponto não se pode deixar de mencionar a diferenciação marcada pela doutrina italiana entre interesse público primário e secundário. O interesse público primário seria o da coletividade. Já o secundário seria o interesse do Estado — titular de direitos e obrigações (aparelho estatal e interesses

Os agentes públicos não agem em nome próprio ou dos próprios interesses particulares, eles existem para servir a coletividade — que, por meio de seu parlamento, regula, autoriza e controla a atuação dos agentes do Estado.

Ensina Jean Rivero[19] que

> A Administração aparece-nos pois como a actividade por meio da qual as autoridades públicas provêm à satisfação das necessidades do interesse público, servindo-se, se for caso disso, das prerrogativas do poder público.

Os agentes públicos possuem prerrogativas e sujeições para a satisfação das necessidades de interesse público caracterizadas por deveres-poderes.[20] As prerrogativas são conferidas para tornar efetiva a atividade do Estado no alcance do interesse público, e as sujeições estão implicadas nos deveres de bem servir ao corpo social.

---

como pessoa) —, ainda que não viesse a coincidir com o da coletividade. No entanto, a melhor doutrina nacional defende que a Administração deverá sempre agir no sentido de atingir a coincidência dos interesses primários e secundários, pois a consecução do interesse público não é discricionariedade, mas obrigação da Administração.

[19] RIVERO, Jean. *Direito administrativo*. Tradução de Doutor Rogério Ehrhardt Sores. Coimbra: Almedina, 1981. p. 18.

[20] Expressão cunhada por Celso Antônio Bandeira de Mello para pontuar que o dever dos agentes públicos está acima das suas prerrogativas. Estas nada mais seriam do que o meio necessário para a consecução efetiva dos misteres do Estado.

Não se pode perder de vista que a supremacia — que se traduz em autoridade para o Estado e seus agentes — tem uma única finalidade: assegurar conveniente proteção aos interesses públicos, municiando os órgãos e agentes estatais para o fiel desempenho de sua missão.

O princípio da indisponibilidade do interesse público, por seu turno, coaduna-se com a impossibilidade em se dispor do que é público por razões particulares.

O titular dos interesses públicos não é a Administração e sim o Estado — em última análise, o povo — que protege e exercita tais interesses por meio de sua função administrativa, realizando-se dentro das normas criadas pela função legislativa, conforme ensina Caio Tácito.[21]

O agente público, por meio do qual o Estado exerce sua função administrativa, deve, pois, primar pelo alcance do interesse público — finalidade primordial do Estado.

2.1.2 Princípio da legalidade

Pode-se dizer que "a condição da ação administrativa é a autorização da lei ou, mais precisamente, do sistema legal".[22]

---

[21] TÁCITO, Caio. *O abuso de poder administrativo no Brasil*: conceito e remédios. Rio de Janeiro: Dasp, 1959. p. 1.

[22] BANDEIRA DE MELLO, Celso Antônio. O conteúdo do regime jurídico-administrativo e seu valor metodológico. *Revista de Direito Público*, São Paulo, v. 1, n. 2, p. 44-66, out./dez. 1967.

Nesse sentido, ainda segundo os ensinamentos de Jean Rivero[23]

> A Administração é uma função essencialmente executiva: encontra na lei o fundamento e o limite da sua actividade. Isso não exclui, em relação a ela, a faculdade de estabelecer, tal como o legislador, regras gerais, na medida em que tais regras sejam necessárias para precisar as condições da execução das leis, mas as regras gerais de origem administrativa, ou regulamentos, estão inteiramente submetidos às leis.

Este princípio decorre da noção de Estado de Direito, submetido ao império da lei, segundo o qual administrar é aplicar a lei de ofício.[24] Constitui-se em garantia aos direitos individuais, ao estabelecer os limites da atuação administrativa.

Em decorrência disso, a Administração somente pode expedir seus atos lastreada em lei. É importante comentar, no entanto, a existência da distinção entre o princípio da legalidade para a Administração Pública e o princípio da legalidade para os particulares. O princípio da legalidade para a Administração Pública reside no art. 37, da Constituição da República, que é conhecido como princípio da legalidade estrita ou princípio da

---
[23] *Ibidem*, p. 20.
[24] FAGUNDES, M. Seabra. *O controle dos atos administrativos pelo Poder Judiciário*. Atualizado por Gustavo Binenbojm. 7. ed. Rio de Janeiro: Forense, 2005. p. 3.

restritividade,[25] ao passo que o princípio da legalidade para os particulares está no artigo 5º, II, CR/88.

Nas exatas palavras de Carolina Z. Zockun:[26]

> É dizer: se os particulares podem fazer tudo o que não está proibido em lei, à Administração, só é permitido atuar dentro dos precisos limites legais.

Com maestria, **Hely Lopes Meirelles** averbou[27] Na Administração Pública não há liberdade nem vontade pessoal. Enquanto na administração particular é lícito fazer tudo que a lei não proíbe, na Administração Pública só é permitido fazer o que a lei autoriza.

Assim, o princípio da legalidade possui duas facetas: a legalidade que permeia a atuação dos particulares e a legalidade atrelada à função administrativa.[28]

O professor português **Marcelo Caetano**, em obra clássica,[29] registrou que a Administração Pública, em

---

[25] Também conhecido como princípio da legalidade restrita ou princípio da restritividade, conforme ARAÚJO, Edmir Netto de. *Curso de direito administrativo*. São Paulo: Saraiva, 2005. p. 51.

[26] Excertos retirados do artigo de ZOCKUN, Carolina Zancaner. Princípio da Moralidade: algumas considerações. *In*: PIRES, Luis Manuel Fonseca; ZOCKUN, Maurício; ADRI, Renata Porto (Coord.). *Corrupção, ética e moralidade administrativa*. Belo Horizonte: Fórum, 2008. p. 38, 39.

[27] MEIRELLES, Hely Lopes. *Direito administrativo brasileiro*. 27. ed. São Paulo: Malheiros, 2002. p. 86.

[28] No mesmo sentido, Santi Romano: "é princípio fundamental do direito público moderno que esta função deva ser exercida dentro dos limites da ordenação jurídica e segundo os escopos traçados pela lei, que é a sua fonte principal" (*Princípios de direito constitucional geral*. Tradução de Maria Helena Diniz. São Paulo: Revista dos Tribunais, 1977. p. 255).

[29] CAETANO, Marcello. *Princípios fundamentais de direito administrativo*. Rio de Janeiro: Forense, 1977. p. 95.

um regime de legalidade, está submissa à lei. A sua atividade, portanto, tem de ser legal, ou seja, tem de decorrer nos termos traçados pela lei.

Em continuidade, trazem-se à colação, os ensinamentos dos ilustres Professores. **Luiz Alberto David Araujo e Vidal Serrano Nunes Junior:**[30]

A afirmação de que a Administração Pública deve atender à legalidade em suas atividades implica a noção de que a atividade administrativa é a desenvolvida em nível imediatamente infralegal, dando cumprimento às disposições da lei. Em outras palavras, a função dos atos administrativos é a realização das disposições legais, não lhe sendo possível, portanto, a inovação do ordenamento jurídico, mas tão-só a concretização de preságios genéricos e abstratos anteriormente firmados pelo exercente da função legislativa.

No mesmo sentido, **Lúcia Valle Figueiredo**[31] nos brinda com a afirmação de que há de se entender como regime da estrita legalidade não apenas a proibição da prática de atos vedados pela lei, mas, sobretudo, a prática, tão-somente, dos expressamente por ela permitidos.

Com efeito, **Ruy Cirne Lima** já averbava que jaz consequentemente a administração pública, debaixo da legislação, que deve enunciar e determinar a regra de direito.[32]

---

[30] ARAUJO, Luiz Alberto David; NUNES JÚNIOR, Vidal Serrano. *Curso de direito constitucional*. 7. ed. São Paulo: Saraiva, 2003. p. 291.
[31] FIGUEIREDO, Lúcia Valle. *Curso de direito administrativo*. 7. ed. rev. atual. e ampl. São Paulo: Malheiros, 2004. p. 66.
[32] LIMA, Ruy Cirne. *Princípios de direito administrativo*. 3. ed. Porto Alegre: Sulina, 1954. p. 22.

De acordo com o princípio da legalidade estrita a função administrativa se dá, portanto, *secundum legem*, jamais *ultra* ou *contra legem*.

2.1.3 Princípio da finalidade

Este princípio dá norte e razão de existir à própria lei, estando nela inserido. Não trata do fim último de toda a norma, que é o alcance do interesse público, mas sim do interesse específico a que a norma se propõe. Aplicar a lei, desviando-se da finalidade por ela imposta, enseja o desvio de poder ou de finalidade, que é

> o vício de que enferma um acto pela qual a Administração, não observando essas regras, prosseguiu um fim diferente daquele que o direito lhe determinava, desviando assim do seu fim legal o poder que lhe estava confiado.[33]

Identificar o desvio de finalidade é, por vezes, tarefa difícil quando se esbarra na ausência de fixação da finalidade pela lei e na impossibilidade de provar a intenção do agente em se desviar da finalidade legal. Isso não invalida, no entanto, o conteúdo do princípio, que exige a busca mais ao espírito que à forma da lei.

---

[33] RIVERO, Jean. *Direito administrativo*. Tradução de Doutor Rogério Ehrhardt Sores. Coimbra: Almedina, 1981. p. 290.

2.1.4 Princípio da razoabilidade

Por este princípio, entende-se que os agentes públicos devem desincumbir-se de suas funções, obedecendo a critérios aceitáveis do ponto de vista racional. Tais critérios aparelham o agente para que adote, dentro de parâmetros de coerência e sensatez, a melhor providência para os casos que se lhe apresentem.

Diogenes Gasparini enfatiza que "nada que esteja fora do razoável, do sensato, do normal, é permitido ao agente público, mesmo quando atua no exercício da competência discricionária. Esse o princípio da razoabilidade".[34]

Este princípio encontra-se expressamente previsto no art. 2º, *caput*, da Lei nº 9.784/99.

2.1.5 Princípio da proporcionalidade

Este princípio, ligado ao princípio da razoabilidade, exige do administrador a adequação entre meios e fins, de maneira que o interesse público norteie a imposição de obrigações, restrições e sanções, não permitindo que medidas restritivas ultrapassem o limite do estritamente necessário ao seu atendimento (do interesse público). Conforme esse princípio, a Administração deve adotar o meio proporcional para atingir a finalidade desejada para que os direitos dos particulares sejam atingidos com

---

[34] GASPARINI, Diogenes. *Direito administrativo*. 11. ed. São Paulo: Saraiva, 2006. p. 25.

justa medida, pois ninguém é obrigado a suportar uma constrição em sua liberdade e em sua propriedade que não sejam imprescindíveis à satisfação do interesse público.[35] Constrições à liberdade e à propriedade devem ser aplicadas somente quando implicarem justa medida do indispensável à satisfação do interesse público. O princípio da proporcionalidade pode ser sintetizado na máxima de Jellinek, segundo a qual: "não se abatem pardais disparando canhões".

Este princípio, assim como o da razoabilidade, encontra-se positivado, em âmbito federal, no art. 2º da Lei nº 9.784/99.

2.1.6 Princípio da motivação

Este princípio determina que sejam esclarecidas aos cidadãos as razões de fato e de direito que levaram a Administração a agir de determinada maneira. A motivação deve ser prévia ou concomitante à expedição do ato, pois, se permitida fosse a motivação *a posteriori*, não se teria a segurança de que os motivos existiam quando da confecção do ato.[36]

---

[35] BANDEIRA DE MELLO, Celso Antônio. *Curso de direito administrativo*. 27. ed. rev. e atual. até a emenda constitucional 64, de 04.02.2010. São Paulo: Malheiros, 2010. p. 110, 111.

[36] Celso Antônio Bandeira de Mello afirma que nas hipóteses de aplicação automática da lei (atos vinculados) os motivos estariam implícitos. Portanto, ainda que a motivação explícita ocorresse serodiamente, nesses atos, não haveria a necessidade de invalidação, pois os motivos implícitos já estariam postos anteriormente à edição do ato.

Maria Sylvia Zanella Di Pietro[37] sustenta que os motivos devem estar sempre presentes, quer nos atos administrativos decorrentes do exercício da competência vinculada, quer naqueles decorrentes do exercício da competência discricionária. A autora ensina que

> o princípio da motivação exige que a Administração Pública indique os fundamentos de fato e de direito de suas decisões. (...) A sua obrigatoriedade se justifica em qualquer tipo de ato, porque se trata de formalidade necessária para permitir o controle da legalidade dos atos administrativos.

O princípio da motivação encontra fundamento no art. 93, X, da CR/88 e no art. 2º, *caput*, da Lei nº 9.784/99.

Por fim, cabe mencionar a diferença entre motivo e motivação. O primeiro consiste nas razões de fato e de direito que autorizam a prática de um ato administrativo; já a motivação é a explicitação dos motivos, justificando formalmente a razão de ser de determinado ato administrativo.

2.1.7 Princípio da impessoalidade

Este princípio diz tanto com a forma pela qual o Poder Público se manifesta quanto com a forma pela qual os particulares devem ser tratados. Na primeira acepção,

---

[37] DI PIETRO, Maria Sylvia Zanella. *Direito administrativo*. 19. ed. São Paulo: Atlas, 2006. p. 82.

tem-se por objetivo vedar a promoção pessoal de agentes ou autoridades públicas. Na segunda, pretende-se impedir discriminações ou favorecimentos a determinadas pessoas motivados por critérios subjetivos. Isso se dá porque a Administração não age por vontade própria.

Nas palavras de Celso Antônio Bandeira de Mello:[38] "onde há função (...) não há autonomia da vontade (...) há submissão ao escopo pré-traçado na Constituição ou na lei e há o dever de bem curar um interesse alheio que, no caso, é o interesse público".

Este princípio é uma faceta do princípio da isonomia, aplicado à Administração Pública, segundo o qual todos aqueles que se encontrem na mesma situação devem ser tratados igualmente perante a lei.

2.1.8 Princípio da publicidade

Por este princípio exige-se o formal conhecimento ao povo dos atos praticados pela Administração Pública a fim de que tais atos possam ser controlados.

Além de meio de controle, a publicidade presta-se a produzir efeitos externos ao ato administrativo que, sem a devida publicidade, não teria eficácia.

---

[38] BANDEIRA DE MELLO, Celso Antônio. *Curso de direito administrativo*. 27. ed. rev. e atual. até a emenda constitucional 64, de 04.02.2010. São Paulo: Malheiros, 2010. p. 98.

2.1.9 Princípio do devido processo legal e da ampla defesa

Toda atividade administrativa que implique constrição à liberdade ou à propriedade dos indivíduos deve, sempre que o interesse público não reclamar urgência, respeitar trâmites legais formalizados e dar a oportunidade a que o administrado se manifeste. Tais cautelas servem, inclusive, como garantias para a própria Administração Pública que, diante dos argumentos dos particulares, pode ser alertada sobre eventual causa de invalidade do ato ou mesmo ser convencida de que o momento para a prática do ato não seria o melhor (oportunidade) ou que seu juízo de valor sobre a prática do ato (conveniência) estaria equivocado.

2.1.10 Princípio da moralidade administrativa

A Administração deve se pautar por padrões éticos de conduta. Segundo Márcio Cammarosano,[39] os valores morais abrangidos pelo princípio da moralidade seriam aqueles albergados em normas jurídicas. Em outras palavras, valores aos quais a lei deu feição jurídica.

---
[39] CAMMAROSANO, Márcio. *O princípio constitucional da moralidade e o exercício da função administrativa*. Belo Horizonte: Fórum, 2006.

2.1.11 Princípio do controle judicial dos atos administrativos

Diante do preceito constitucional pátrio de que a ninguém é vedado o acesso ao Poder Judiciário e, sendo inerente à função jurisdicional a decisão em definitivo de controvérsias jurídicas, os atos emanados da Administração Pública, a despeito de serem presumivelmente legítimos (como adiante se verá), são elaborados e expedidos por agentes públicos que, por serem humanos, padecem de falhas e de ação em desconformidade com o ordenamento jurídico. Assim, todo litígio envolvendo discordância quanto à correta aplicação das normas jurídicas pode ser apreciado pelo Poder Judiciário.

2.1.12 Princípio da responsabilidade do Estado por atos administrativos

Não pode haver exercício legítimo de função pública sem o controle e a respectiva responsabilização por danos causados por agentes públicos, que são as pessoas investidas de função pública por meio de quem a vontade do Estado é manifestada, no âmbito da competência que a Constituição e a lei lhes atribuírem. Na Constituição Brasileira, este princípio vem descrito no art. 37, §6º, que, segundo a doutrina de Oswaldo Aranha Bandeira de Mello, prevê a responsabilidade objetiva para os atos comissivos do Estado e a responsabilidade subjetiva na hipótese de atos omissivos.

2.1.13 Princípio da eficiência

Inicialmente, durante o projeto de emenda constitucional, foi o princípio da eficiência chamado de princípio da qualidade do serviço prestado.[40] Este princípio insere-se no amplo conceito de boa administração, que é direito de toda a coletividade e reclama o agir administrativo dentro dos padrões de produtividade e economicidade, sem desprezo ao princípio da legalidade. Muito ao contrário: a eficiência, no campo do Direito Público, ocorre sob o manto da legalidade.

2.1.14 Princípio da segurança jurídica

Este importante princípio norteia não apenas o Direito Administrativo, mas todo Direito (cujo fim é a estabilidade e segurança das relações). Por meio deste princípio, nas palavras de Bandeira de Mello,[41]

> cuida-se de evitar alterações surpreendentes que instabilizem a situação dos administrados e de minorar os efeitos traumáticos que resultem de novas disposições jurídicas que alcançariam situações em curso. A prescrição, o direito adquirido, são exemplos de institutos prestigiadores da segurança jurídica.

---

[40] CARVALHO FILHO, José dos Santos. *Manual de direito administrativo*. 18. ed. rev. ampl. e atual. Rio de Janeiro: Lumen Juris, 2007.
[41] BANDEIRA DE MELLO, Celso Antônio. *Curso de direito administrativo*. 27. ed. rev. e atual. até a emenda constitucional 64, de 04.02.2010. São Paulo: Malheiros, 2010. p. 87.

O princípio da segurança jurídica prestigia a confiança e a boa-fé dos administrados. Deve, no entanto, ser observado com cautela,[42] de maneira a não impedir a Administração de anular seus atos praticados com inobservância da lei.

2.2 Das relações de sujeição entre a Administração Pública e seus administrados

Define-se o regime de supremacia (ou sujeição)[43] geral como sendo a relação existente entre o Estado e seus administrados, decorrente do poder estatal exercido e destinado ao povo (como elemento de um Estado que ocupa determinado território). É o poder destinado ao corpo social, indistintamente, lastreado nos ditames constitucionais e legais.

Já a denominada relação de sujeição (ou supremacia) especial é aquela travada na intimidade orgânica da Administração Pública, sob suas próprias regras, entre Administração e determinados administrados. Em algumas situações, a relação de sujeição ou supremacia (conforme o enfoque esteja nos administrados — assujeitados — ou na Administração — suprema) se dá de forma consentida, como a relação existente entre universitários

---

[42] DI PIETRO, Maria Sylvia Zanella. *Direito administrativo*. 19. ed. São Paulo: Atlas, 2006. p. 100.

[43] PIRES, Luis Manuel Fonseca. *Limitações administrativas à liberdade e à propriedade*. São Paulo: Quartier Latin, 2006. p. 162 (O autor menciona ser a expressão *relação especial de sujeição* utilizada pelas doutrinas alemã e espanhola).

e universidade, Administração e servidores públicos (que ingressam nas instituições por estarem de acordo). No entanto, não é da natureza desse tipo de relação o consentimento do administrado, visto que muitos são submetidos à sujeição especial sem com ela concordar, como acontece com os presos e os conscritos.

Ao tratar do tema, Carlos Ari Sundfeld[44] desenvolve o conceito de Direito Administrativo Ordenador — em substituição ao termo poder de polícia por modificação de postura metodológica[45] — cujas nuanças serão tratadas em capítulo específico — e ensina a respeito das supremacias geral e especial, que

> A diferença está em que, quando, por qualquer forma, os particulares atuam no campo estatal, estabelecem com a Administração uma relação jurídica específica, em que esta exerce poderes especiais. Quando, ao contrário, atuam no campo privado, submetem-se apenas a vínculo genérico com o Estado, caracterizado pelo poder deste, através de lei, regulamentar as atividades privadas. (...) O particular estabelece vínculos específicos, propiciatórios de poderes administrativos especiais, quando: a) integra-se a seu aparelho burocrático; b) recebe delegação de atividade estatal; c) contrata com a Administração; ou d) utiliza serviço público ou é beneficiado pelo direito ao uso especial de bem público.

---

[44] SUNDFELD, Carlos Ari. *Direito administrativo ordenador*. 3. tiragem. São Paulo: Malheiros, 2003. p. 20, 24.
[45] *Ibidem*, p. 17.

Outro aspecto que diferencia as relações de supremacia geral e especial concerne à observância do princípio da legalidade,[46] com e sem abrandamentos. A respeito desse tópico, prossegue Carlos Ari Sundfeld,[47] ao distinguir as consequências na aplicação do princípio da legalidade, *in verbis*:

> A circunstância de a Administração ordenadora se desenvolver dentro de vinculação genérica da Administração com os particulares — e não de vinculação específica, como nas situações acima apontadas — importa em fundas conseqüências jurídicas:
>
> a) o princípio da legalidade, na relação genérica, tem aplicação muito mais intensa. Os poderes da Administração frente aos particulares, quando atuam no campo privado, **são criação direta da lei**. Logo, a Administração só os exercerá se previstos em lei, como previstos e através dos instrumentos expressamente conferidos. Já na relação específica, entendem-se implícitos para a Administração poderes de mando, fiscalização e até de extinção do vínculo, independentemente de expressa previsão legal. Em outros termos, **a lei apenas regulamenta** os poderes que a Administração necessariamente tem — e que terá, mesmo na omissão da lei.
>
> b) Quando desenvolve atividade do Estado, em lugar dele, o particular vincula a responsabilidade deste pelos

---

[46] Detalhes sobre o aspecto da validade do princípio da legalidade da Administração Pública nas relações de sujeição especial ver: ANABITARTE, Alfredo Gallego. *Las relaciones de sujeción y el principio de la legalidade de la administración*.

[47] SUNDFELD. *Direito administrativo ordenador*, p. 25.

prejuízos que produzir. Quando, ao contrário, explora atividade privada — mesmo sob a administração ordenadora — os eventuais prejuízos resultantes são de sua exclusiva responsabilidade.

Diante da classificação acima exposta e, considerando que o poder de polícia importa no condicionamento da liberdade e da propriedade dos particulares *em geral, a relação que se estabelece entre poder público e particulares será de supremacia geral, fundada rigorosamente no poder do Estado.*

2.3 Do ato administrativo e seus atributos

O princípio da supremacia do Estado sobre o particular decorre da ideia do dever-poder atribuído aos agentes públicos para o desempenho da função administrativa, nos limites de suas competências. A supremacia do Estado se faz sentir concreta e materialmente por seus atos que, no âmbito do exercício da função administrativa, são atos administrativos.

Bandeira de Mello[48] define ato administrativo como

> declaração do Estado (ou de quem lhe faça as vezes — como por exemplo um concessionário de serviço público), no exercício de prerrogativas públicas, manifestada mediante providências jurídicas, complementares da lei

---
[48] BANDEIRA DE MELLO, Celso Antônio. *Curso de direito administrativo.* 27. ed. rev. e atual. até a emenda constitucional 64, de 04.02.2010. São Paulo: Malheiros, 2010. p. 385.

a título de lhe dar cumprimento, e sujeitas a controle de legitimidade[49] pelo órgão jurisdicional.

Os atos administrativos são identificados por características próprias chamadas atributos, os quais, segundo a classificação de Bandeira de Mello,[50] consistem em: presunção de legitimidade, imperatividade, exigibilidade e executoriedade.

Alguns destes atributos acompanham todos os atos administrativos: mais precisamente os atos que restringem e limitam a situação jurídica do administrado — como no caso do exercício do poder de polícia. Em contrapartida, os atos ampliativos de direitos não expressarão todos os possíveis atributos doutrinariamente classificados pelas características a seguir expostas.

2.3.1 Presunção de legitimidade[51]

Por este atributo, consideram-se verdadeiros, e conforme o direito, os atos produzidos pela Administração,

---

[49] Em conformidade com lei e com os princípios informadores da Administração, ou seja, conforme o Direito.
[50] BANDEIRA DE MELLO, Celso Antônio. *Curso de direito administrativo*. 27. ed. rev. e atual. até a emenda constitucional 64, de 04.02.2010. São Paulo: Malheiros, 2010. p. 417-422.
[51] Há autores que dividem o atributo de presunção de legitimidade em presunção de legitimidade e veracidade, como DI PIETRO, Maria Sylvia Zanella (*Direito administrativo*. 19. ed. São Paulo: Atlas, 2006. p. 208). A autora assevera que a presunção de veracidade diz respeito aos fatos, presumindo-se verdadeiros os fatos alegados pela Administração, enquanto a presunção de legitimidade diz respeito à conformidade do ato com a lei.

até prova em contrário. Milita em favor de atos administrativos a presunção *juris tantum* de legitimidade.

2.3.2 Imperatividade

Consiste este atributo na imposição de obrigação, por parte da Administração, sem necessidade da concordância do administrado. Dele decorre o que Renato Alessi[52] denominou de "poder extroverso", segundo o qual os efeitos de um ato extrapolam a esfera jurídica do sujeito emitente, interferindo diretamente na esfera jurídica de terceiros.

2.3.3 Exigibilidade

Por meio deste atributo, o Poder Público compele, formalmente, o administrado a obedecer à ordem administrativa. Não pode, no entanto, coagi-lo materialmente a praticar o ato, devendo recorrer às vias judiciais na hipótese de negativa dele (administrado) em atender à ordem administrativa mesmo com a imposição de medidas adjacentes (como cominação de multas pelo desatendimento do ato administrativo).

---
[52] BANDEIRA DE MELLO, Celso Antônio. *Curso de direito administrativo*. 27. ed. rev. e atual. até a emenda constitucional 64, de 04.02.2010. São Paulo: Malheiros, 2010. p. 413.

2.3.4 Executoriedade

Por fim, este atributo permite que a Administração obrigue o administrado a, materialmente, prestar sua obrigação. É uma execução administrativa, tornando desnecessária a procura das vias judiciais para a obtenção de seu desiderato. Isso não significa que o administrado não possa ou não deva procurar o Poder Judiciário para demonstrar eventuais abusos ou invalidades cometidas pela Administração, mas esta não precisa recorrer ao Poder Judiciário para ordenar que o administrado aja.

Por se tratar de medida drástica e que invade diretamente a liberdade e a propriedade dos administrados, este atributo acompanha apenas os atos cuja lei expressamente autorize ou, ainda que não haja lei específica, quando essa medida for indispensável para salvaguardar o interesse público confiado pela lei à Administração e como única medida impeditiva do perecimento do interesse.

Por todo o exposto no presente capítulo, observa-se que a utilização das prerrogativas da Administração somente se legitima para a realização do interesse público, e desde que necessárias para satisfazê-lo.

Os atributos do ato administrativo são, portanto, expressão da supremacia do interesse público sobre o interesse privado, por meio dos quais a Administração Pública, em conformidade com o ordenamento jurídico, constitui unilateralmente terceiros em obrigações, prevê sanções visando constranger formalmente o administrado ao acatamento da ordem administrativa ou, ainda, executa materialmente a constrição na liberdade ou propriedade do administrado.

Capítulo 3

Poder de Polícia

Sumário: 3.1 Breve escorço histórico – 3.2 Definição – 3.3 Limite e alcance do poder de polícia

3.1 Breve escorço histórico

Considerada o berço da civilização, a Grécia gerou muitas expressões até hoje utilizadas. A palavra *polícia* é uma delas. Do grego *Politéia*, significa a administração da cidade, designando a totalidade das atividades estatais na organização da Polis.[53]

O termo *polícia* acomodou diversas acepções ao longo do tempo. Na Grécia antiga, imperava o entendimento de que ao Estado tudo pertencia, até mesmo o

---
[53] BEZNOS, Clovis. *Poder de polícia*. São Paulo: Revista dos Tribunais, 1979.

estado de ânimo das pessoas.[54] A atividade de polícia interferia em todos os aspectos da vida dos gregos.

Já em Roma, com a divisão do Direito em Público e Privado, procurou-se garantir o direito de propriedade individual, preservando assim a riqueza do próprio Estado, uma vez que, na antiguidade, a propriedade individual se confundia com a propriedade do próprio Estado. A divisão entre Direito Público e Privado foi determinante "para o surgimento dos direitos individuais que trazem como conseqüência o ajustamento de seu exercício aos interesses da coletividade".[55]

Na época feudal, houve divisão entre o Estado e a Igreja na condução da boa ordem da sociedade. Nessa época, a atividade de polícia englobava o exercício do Estado na condução da vida civil de seus súditos e à Igreja tocavam os assuntos de ordem moral e religiosa.

Nos séculos XIV e XV, período absolutista, imperava a vontade do monarca na ação organizada do Estado para assegurar a boa ordem, na qual o Estado atuava com prepotência, sem limites e lei. Durante esse período, aliás, a noção de polícia correspondeu "à noção de soberania dos príncipes e serviu de alicerce ao absolutismo".[56]

No Estado liberal, entretanto, retomou-se a valorização do homem, como detentor de direitos naturais por Deus concebidos, sendo perseguido o bem comum,

---

[54] *Ibidem*, p. 3, 4. Clovis Beznos conta a história das mães gregas, que deveriam sorrir ao saber da notícia de que seus filhos, gregos, haviam sido mortos na guerra da qual participaram em defesa da Pátria.

[55] BEZNOS, Clovis. *Poder de polícia*. São Paulo: Revista dos Tribunais, 1979. p. 10.

[56] TÁCITO, Caio. *Temas de direito público*. Rio de Janeiro: Renovar, 1997. v. 1, p. 521.

assim entendido "aquele que diz respeito à segurança dos direitos adquiridos".[57] A lei passa a ser respeitada, assegurando ao Estado intervir somente nos casos em que a salubridade, segurança e moralidade públicas se encontrassem ameaçadas. A liberdade individual passa a ser valorizada. Explica Caio Tácito[58] que

> A revolução liberal, cristalizada nos princípios da Declaração de Independência americana e na Declaração de direitos do Homem, é um episódio da revolta do cidadão contra o Poder. (...) Nesse quadro de renovação social o Estado se coloca, unicamente, como um poder de equilíbrio, prevenindo e corrigindo os entrechoques individuais, segundo a fórmula francesa, logo internacionalizada no movimento racionalista do século XIX, de que a liberdade consiste em fazer tudo aquilo que não é nocivo aos demais.

Do papel de autoridade negativa,[59] o Estado passa ao papel intervencionista, agindo em prol do interesse público a fim de reduzir desigualdades entre os indivíduos, restringindo e condicionando o exercício dos seus direitos e liberdades.

O Estado passa então a intervir na vida privada de maneira positiva condicionando o exercício dos direitos individuais à sua ação coercitiva.

---

[57] BEZNOS, Clovis. *Poder de polícia*. São Paulo: Revista dos Tribunais, 1979. p. 16.
[58] TÁCITO, Caio. *Temas de direito público*. Rio de Janeiro: Renovar, 1997. v. 1, p. 522.
[59] Ação da autoridade estatal para fazer cumprir o dever de não perturbar a boa ordem da coisa pública (*Ibidem*, p. 523).

3.2 Definição

Segundo Caio Tácito[60]

> uma das mais árduas tarefas em direito público é a de conceituar, em seus exatos contornos, o poder de polícia. Sendo, embora, "um poder orgânico, elementar, fundamental, a que estão ligadas as exigências capitais de conservação da sociedade", a renovação de seu conteúdo acompanha as mutações históricas do Estado.

Em virtude das diversas acepções que o termo poder de polícia agasalhou, e diante da possível associação com o Estado de Polícia (Estado absolutista anterior ao Estado de Direito), alguns autores recusam-se a aceitar essa expressão como nomenclatura adequada a designar uma atuação legítima do Estado. Agustín Gordillo[61] condena de maneira enfática a utilização do termo, dizendo que a noção de poder de polícia

> era antiguamente una de las más empleadas en el derecho público y al mismo tiempo la que más se prestaba a abusos por los múltiples equívocos a que da lugar, confundiendo una frase latísima y ambigua con el sustento normativo para limitar algún derecho individual.

---

[60] TÁCITO, Caio. *Temas de direito público*. Rio de Janeiro: Renovar, 1997. v. 1, p. 521.
[61] GORDILLO, Agustín. *Tratado de derecho administrativo*. 5. ed. Belo Horizonte: Del Rey, 2003. (La defensa del usuario y del administrado, t. II).
No mesmo sentido, defendendo a não utilização do termo "poder de polícia", Lúcia Valle Figueiredo.

A despeito da polêmica em torno da nomenclatura dada atualmente às limitações ao exercício do direito de propriedade e liberdade, adota-se, neste livro, as conclusões de Clovis Beznos,[62] ao afirmar ser

> inadequada a crítica que certa doutrina faz à noção de polícia administrativa, apontando a crise de tal noção, uma vez que tal crítica é formulada levando-se em consideração elementos que caracterizavam a polícia administrativa em épocas anteriores ao Estado de Direito.

Sabendo que o Direito é dinâmico, e que os institutos jurídicos podem mudar, conforme muda a sociedade, um termo pode ser empregado para definir um conjunto de atividades em determinado momento e, em outro, sob outras normas, ser utilizado com significado diferente. Veja-se a expressão "mulher honesta", que esteve presente no Código Penal brasileiro de 1940 até 2005, quando foi retirada pela Lei nº 11.106/05. A expressão "mulher honesta" não foi alterada, mas, seu significado, ao longo dos anos, sim.

O próprio Estado recebe esse nome há séculos, mas o que define sua substância — se Democrático, se Absolutista, por exemplo — é o regramento ao qual se submete.

Da mesma forma, o poder de polícia é expressão que já recebeu algumas significações; hoje, no entanto, o Estado Democrático de Direito não admite que, no

---

[62] BEZNOS, Clovis. *Poder de polícia*. São Paulo: Revista dos Tribunais, 1979. p. 78.

exercício do poder de polícia, haja violação aos direitos e garantias fundamentais, apenas limitações.

Como ensina Caio Tácito[63]

> O poder de polícia é, em suma, o conjunto de atribuições concedidas à Administração em favor de interesse público adequado, direitos e liberdades individuais. Essa faculdade administrativa não violenta o princípio da legalidade porque é da própria essência constitucional das garantias do indivíduo a supremacia dos interesses da coletividade.

Para Bandeira de Mello,[64] o poder de polícia[65] nada mais é do que a concretização do princípio da supremacia do interesse público sobre o interesse privado e consiste na "atividade estatal de condicionar a liberdade e a propriedade ajustando-as aos interesses coletivos".

---

[63] TÁCITO, Caio. O poder de polícia e seus limites. *Revista de Direito Administrativo*, Rio de Janeiro, v. 27, p. 18, jan./mar. 1952.

[64] BANDEIRA DE MELLO, Celso Antônio. *Curso de direito administrativo*. 27. ed. rev. e atual. até a emenda constitucional 64, de 04.02.2010. São Paulo: Malheiros, 2010. p. 822.

[65] No ordenamento jurídico pátrio existe uma definição legal de poder de polícia, encontrada no art. 78, do Código Tributário Nacional, *in verbis*: Art. 78, *caput*. "Considera-se poder de polícia a atividade da administração pública que, limitando ou disciplinando direito, interesse ou liberdade, regula a prática de ato ou abstenção de fato, em razão de interesse público concernente à segurança, à higiene, à ordem, aos costumes, à disciplina da produção e do mercado, ao exercício de atividades econômicas dependentes da concessão ou autorização do Poder Público, à tranquilidade pública ou ao respeito à propriedade e aos direitos individuais ou coletivos. Parágrafo único. Considera-se regular o exercício do poder de polícia quando desempenhado pelo órgão competente nos limites da lei aplicável, com observância do processo legal e, tratando-se de atividade que a lei tenha como discricionária, sem abuso ou desvio de poder".

A doutrina distingue o poder de polícia em sentido amplo e em sentido estrito. O primeiro abrange tanto atos legislativos quanto executivos. Ambos os atos implicam conformação dos direitos individuais às necessidades coletivas. A acepção mais ampla abarca, portanto, tanto as leis que disciplinam o exercício do direito de propriedade e liberdade dos cidadãos como os atos administrativos. Já a noção restrita, também denominada polícia administrativa, consiste nas intervenções do Poder Executivo no exercício da função administrativa. O enfoque desta obra é direcionado à polícia administrativa.

3.3 Limite e alcance do poder de polícia

O poder de polícia alcança a liberdade e a propriedade individuais, dando-lhes formato jurídico. As limitações impostas à liberdade e à propriedade são sua expressão jurídica, integram o direito à propriedade e à liberdade, razão pela qual as limitações decorrentes do poder de polícia não gerarem direito à indenização.

Segundo Toshio Mukai[66]

> O campo do exercício do poder de polícia é hoje multiforme. (...) Daí encontrarmos, nos Estados modernos, a polícia dos costumes, a polícia sanitária, a polícia das construções, a polícia das águas, a polícia da atmosfera, a polícia florestal, a polícia de trânsito, a polícia dos meios

---

[66] MUKAI, Toshio. *Direito administrativo sistematizado*. São Paulo: Quartier Latin, 2008. p. 109.

de comunicação e divulgação, a polícia das profissões, a polícia ambiental, a polícia da economia popular, e tantas outras que atuam sobre atividades particulares que afetam ou possam afetar aos superiores interesses da comunidade que ao Estado incumbe velar e proteger.

Quando a Administração Pública atua no exercício do poder de polícia, limita a liberdade e a propriedade, com base na lei, vez que o princípio da legalidade norteia a atividade estatal como um todo e a atividade da Administração Pública em particular. Limitar não é malferir ou impedir esse exercício, consiste em demarcar o exercício garantindo o bem-estar coletivo.

A polícia administrativa é parcela da função administrativa, que disciplina a liberdade e a propriedade dos indivíduos, interferindo no campo que lhes é próprio (atividades de livre iniciativa dos cidadãos, mediante imposição de limites — deveres de não fazer —; e encargos — deveres de fazer), de modo preventivo ou repressivo para o fim de adequar sua conduta à vida em sociedade.[67]

O limite ao poder de polícia está nos direitos fundamentais dos cidadãos. Ensina Roque Carrazza que

> A Constituição Brasileira, ao tratar dos "direitos fundamentais", garantiu a igualdade de todos perante a lei, a inviolabilidade da propriedade privada, a liberdade de

---

[67] ANDRADE, Letícia Queiroz de. Regulação e poder de polícia: distinções conceituais juridicamente relevantes. *In: Intervenções do Estado*. São Paulo: Quartier Latin, 2008. p. 58-62.

opinião, a liberdade de ir e vir da pessoa, a liberdade de consciência, a liberdade de associação, etc. Essas garantias apresentam-se como proibições ao Estado de lesar, por meio de leis, atos administrativos ou decisões judiciais, estes valores prestigiados por nossa Carta Magna. As leis, os atos administrativos e as decisões judiciais que, eventualmente, contrariem estes valores podem ser anulados com base em sua inconstitucionalidade.[68]

Além dos direitos e garantias fundamentais, a atividade da polícia administrativa está limitada pelos princípios do Direito Administrativo enunciados no capítulo 2 deste livro.

---

[68] CARRAZA, Roque Antonio. *Curso de direito constitucional tributário*. 24. ed. rev. ampl. e atual. São Paulo: Malheiros, 2008.

Capítulo 4

Omissão no Poder de Polícia

Sumário: **4.1** Da responsabilidade por omissão – **4.2** Deveres do agente público no exercício do poder de polícia – **4.2.1** Deveres e responsabilidades dos servidores públicos federais – **4.3** Jurisprudência relevante

O tema da omissão no poder de polícia deve ser analisado, primeiramente, sob a ótica da responsabilidade estatal por conduta omissiva. O estudo da responsabilização do Estado por omissão não pode ser dissociado da responsabilidade de seus agentes quando, investidos da função administrativa, deixam de agir estando legalmente obrigados a atuar.

Adota-se, nesta obra, a teoria do órgão,[69] segundo a qual a vontade do Estado deve ser atribuída aos órgãos

---

[69] Difere esta teoria das teorias do mandato (segundo a qual o agente púbico seria mandatário da pessoa jurídica) e da teoria da representação (que dispõe serem os agentes públicos representantes do Estado, a exemplo do que ocorre com os tutores e curadores de menores e demais incapazes).

que o compõem (sendo estes integrados por agentes). As manifestações dos órgãos são manifestações do próprio Estado.

Ensina Yussef Said Cahali[70] que

> O reconhecimento da responsabilidade do Estado como sendo direta perante o administrado lesado vincula-se, assim, por definição, à concepção organicista do ente público. (...) Apóia-se esta opinião na teoria orgânica, segundo a qual o dano causado ao particular se imputa diretamente à pessoa jurídica de cuja organização faz parte o funcionário causador do prejuízo, pois a atividade do funcionário configura-se como atividade da própria pessoa jurídica, e, por conseguinte, devem ser atribuídas a esta todas as conseqüências, danosas ou não, dessa atividade.
>
> (...)
>
> Portanto, a Administração Pública só pode realizar as atividades que lhe são próprias através de agentes ou órgãos vivos (funcionários e servidores), de tal modo que a ação da Administração Pública, como ação do Estado, se traduz em atos de seus funcionários.

Compreende-se a omissão como infração do dever legal de agir do Estado, por meio de seus agentes, resultando em ineficiência da atuação administrativa e, muitas vezes, causando prejuízos diretos ou indiretos

---

[70] CAHALI, Yussef Said. *Responsabilidade civil do Estado*. 3. ed. rev. atual. e ampl. São Paulo: Revista dos Tribunais, 2007. p. 15, 66.

a terceiros. Ao se omitir, o agente público desatende ao princípio da boa administração, desobedecendo, pois, ao princípio constitucional da eficiência. Também desatende ao princípio da legalidade, vez que a omissão punível será aquela decorrente de um não agir do agente público quando detinha o dever legal de fazê-lo. A ilegalidade está, portanto, na ausência do ato. Em outras palavras, toda vez que houver omissão quando a lei impuser ação, presente estará a violação à lei.

No poder de polícia, a omissão também configura ofensa à impessoalidade, pois a Administração não possui a prerrogativa de escolher a quem direcionar o exercício desse poder. Conforme já discorrido, o poder de polícia, lastreado nos ditames constitucionais e legais, insere-se nas relações de sujeição ou supremacia geral, sendo imponível, indistintamente, ao corpo social.

A Administração Pública deve, por meio de seus agentes, atuar de maneira isonômica em relação a todos aqueles que se encontrem na mesma situação. Deverá fiscalizar, por exemplo, se uma construção invade terra pública, independentemente de quem seja o invasor. Em outras palavras, em toda hipótese de invasão de terra pública deverá a autoridade gestora do patrimônio público intervir e, em seu exercício do poder de polícia, agir na esfera da liberdade dos invasores e determinar sua retirada.

Outro princípio violado será o da moralidade administrativa, tendo em conta que a Administração deve se pautar por padrões éticos de conduta aos quais a lei conferiu contornos jurídicos. Nessa esteira, Iara Gasos,[71] lecionando, refere que

> Obviamente que se o Estado Administrador deixa de atuar onde lhe é cabida a tutela de bem administrar, na conformidade de seu poder de polícia, entende-se perfeita a percuciência de Antônio José Brandão, para quem o ato é imoral. Sem dúvida, a imoralidade, qualquer que seja a forma de sua manifestação, só interessa à teoria jurídica na medida em que provoque repercussões jurídicas. A intenção jurídica tem de ser antecedida e preparada por uma intenção moral.

A omissão é, portanto, além de ilegal em sentido estrito — malferindo a lei — violadora dos princípios constitucionais da Administração Pública da moralidade, da impessoalidade e da eficiência (da boa Administração).

Quando este não agir ilegal da Administração resultar em dano, estar-se-á diante de omissão passível de responsabilização do Estado e de seus agentes na esfera civil. Outrossim, tomando por base somente o agente público omisso, além da mencionada responsabilidade civil a que estará sujeito, poderá ser penalizado no âmbito administrativo (por malferir o dever legal de agir) e criminal (por prevaricação,[72] por exemplo). Desta obra,

---

[71] GASOS, Iara Leal. *A omissão abusiva do poder de polícia*. Rio de Janeiro: Lumen Juris, 1994. p. 59.

[72] Art. 319 do Código Penal: "Retardar ou deixar de praticar, indevidamente, ato de ofício, ou praticá-lo contra disposição expressa de lei, para satisfazer interesse ou sentimento pessoal: Pena – detenção, de três meses a um ano, e multa".

no entanto, não constará o estudo da responsabilidade criminal dos agentes públicos, sendo enfatizados os aspectos civil e funcional, somente.

4.1 Da responsabilidade por omissão

A responsabilidade do Estado pelos danos que seus agentes causarem a terceiros encontra-se alicerçada no art. 37, §6º da Constituição da República.[73] A previsão da responsabilização do Estado no ordenamento jurídico brasileiro não é recente, tampouco restrita ao Brasil. Os países que aboliram o Absolutismo passaram a prever que o Estado, diante de sua atividade que abrange todo seu território e toda a sociedade, encontra-se suscetível de, ao agir, causar prejuízo aos seus cidadãos, e por tais prejuízos deverá responder.

Desse modo, evolui-se de um Estado irresponsável para a responsabilização, desde que provado o liame entre o ato do agente público e o dano daí decorrente. Passou a vigorar o entendimento de que todos os cidadãos (que custeiam o Erário por meio dos impostos) deveriam suportar o ônus de uma indenização a ser paga pelo Estado a alguém prejudicado, ao invés de se onerar

---

[73] Art. 37, §6º – "As pessoas jurídicas de direito público e as de direito privado prestadoras de serviços públicos responderão pelos danos que seus agentes, nessa qualidade, causarem a terceiros, assegurado o direito de regresso contra o responsável nos casos de dolo ou culpa".

individualmente um particular submetido a alguma prática estatal, ainda que lícita.[74]

Neste ponto, cabe destacar a distinção feita entre a responsabilização estatal decorrente de atos lícitos e ilícitos pois, como diz Weida Zancaner[75] "uma coisa é ter seu interesse contrariado por atos lícitos e outra é ver seu direito violado por comportamento ilícito do Estado".

Prossegue a autora ensinando que:

> com os comportamentos lícitos do Estado há que se ter complacência. Muitas vezes atividades lícitas do Estado causam danos na esfera juridicamente tutelada dos cidadãos, entretanto por ser a atividade lícita e por não ser o dano anormal e especial, não cabe imputação de responsabilidade ao Estado, graças ao princípio que nos diz haver igualdade de todos os cidadãos frente às cargas públicas.

O particular não tem, portanto, o dever jurídico de suportar sozinho o dano especial e anormal causado pelo Estado. Roberto Dromi,[76] ao explicar o princípio da igualdade entre as cargas públicas, informa que

---

[74] Exemplo típico está previsto no art. 5º, XXV, da CR/88: "no caso de iminente perigo público, a autoridade competente poderá usar de propriedade particular, assegurada ao proprietário indenização ulterior, se houver dano".

[75] ZANCANER, Weida. Responsabilidade do Estado, serviço público e os direitos dos usuários. *In*: FREITAS, Juarez (Org.). *Responsabilidade civil do Estado*. São Paulo: Malheiros, 2006. p. 337-352.

[76] DROMI, Roberto. *Derecho administrativo*. 10. ed. Buenos Aires: Argentina, 2004. p. 1078.

> Si se produce un sacrificio especial por acto — legitimo o no — de cualquier órgano, debe restablecerse la "igualdad de todos los habitantes" mediante una indemnización a cargo del Estado que generalice el sacrificio especial que se ha exigido al damnificado.

Os danos especiais compreendem aqueles causados a determinado grupo de pessoas,[77] e os anormais aqueles que excedem os incômodos da vida societária. A partir desses ensinamentos, conclui-se existirem danos que, não sendo especiais e anormais, não há que se falar em responsabilidade do Estado, uma vez que são criados em razão de atividades realizadas em benefício de todos, devendo todos responder por eles.

Os danos resultantes da atividade lícita e que sejam anormais e especiais não serão suportados por toda a coletividade, devendo, nas palavras de Weida Zancaner "serem considerados antijurídicos, por serem anormais e especiais e, portanto, romperem o princípio da igualdade de todos os cidadãos frente aos encargos públicos".

O fundamento da responsabilidade extracontratual do Estado, decorrente de dano antijurídico, se biparte,[78] pois se a antijuridicidade decorrer de ato ilícito, comissivo ou omissivo, haverá violação do princípio da legalidade; em se tratando de atos lícitos, o fundamento

---

[77] Utilizam esse critério Weida Zancaner, *op. cit.*, p. 341 e Diogenes Gasparini, *op. cit.*, p. 974 ao tratar das características do dano reparável.
[78] Nesse sentido: Weida Zancaner (*op. cit.*, p. 340-341); Celso Antônio Bandeira de Mello (*op. cit.*, p. 950, 951) e Diogenes Gasparini (*op. cit.*, p. 966, 967).

da responsabilidade do Estado será o princípio da distribuição igualitária dos ônus e encargos a que estão sujeitos os administrados, tese adotada pelo STF (*RDA*, 190-194).

Na mesma esteira, a lição de Jesús Laguina Villa,[79] segundo a qual

> para que um quebranto patrimonial sufrido por um particular revista el carácter de perjuicio indemnizable es preciso que concurran ciertos requisitos. Entre ellos, y en primer lugar, la antijuridicidad del perjuicio.
>
> En el Derecho español sólo son imputables a la Administración — y por conseguiente, indemnizables — los perjuicios antijurídicos, entendiendo por tales no tanto aquellos que la Administración causa ilegitimamente, sino más bien los perjuicios que la victima no está obligada a soportar. La antijuridicidad del daño — damnun non iure datur — es, pues, un elemento objetivo del perjuicio indemnizable, no una cualifcación subjetiva de la conducta dañosa.

A abalizada doutrina de Weida Zancaner ensina serem características dos danos indenizáveis — quer decorram dos atos lícitos ou ilícitos — a certeza (não eventualidade); o malferimento de situação tutelada pelo Direito; e, em se tratando de atos lícitos, agregam-se as características da anormalidade e da especialidade.

---

[79] LEGUINA VILLA, Jesús. *La responsabilidad del estado y de las entidades públicas regionales o locales por los daños causados por sus agentes o por sus servicios administrativos*, p. 24.

Atualmente, nos Estados democráticos de Direito, vigora a responsabilidade chamada objetiva ou do risco administrativo, segundo a qual sempre que o Estado agir causando dano a terceiros, excluídos a culpa exclusiva da vítima e os imprevisíveis caso fortuito[80] (fato de terceiro) ou força maior (fenômeno da natureza), independentemente do elemento subjetivo (dolo ou culpa), estará obrigado a indenizar o dano.

Como bem elucida Sergio Cavalieri Filho[81]

> A chuva, o vento, a tempestade, não são agentes do Estado; nem o assaltante e o saqueador o são. Trata-se de fatos estranhos à atividade administrativa, em relação aos quais não guarda nenhum nexo de causalidade, razão pela qual não lhes é aplicável o princípio constitucional que consagra a responsabilidade objetiva do Estado. Lembre-se que a nossa Constituição não adotou a teoria do risco integral.
>
> A Administração Pública só poderá vir a ser responsabilizada por esses danos se ficar provado que, por sua omissão ou atuação deficiente, concorreu decisivamente para o evento deixando de realizar obras que razoavelmente lhe seriam exigíveis. Nesse caso, todavia, a responsabilidade estatal será determinada pela teoria da culpa anônima ou falta do serviço, e não pela objetiva.

---

[80] Salienta-se que parte substancial da doutrina brasileira entende que o caso fortuito não exclui a responsabilidade do Estado, conforme mais adiante será comentado. Apenas a culpa exclusiva da vítima, a culpa exclusiva de terceiros e a força maior teriam esta característica. Nesse sentido, Celso Antônio Bandeira de Mello.

[81] CAVALIERI FILHO, Sergio. *Programa de responsabilidade civil*. 6. ed. 3. tiragem rev. aum. e atual. São Paulo: Malheiros, 2006. p. 275.

Os Tribunais Superiores pátrios (STF e STJ) tratam caso fortuito e força maior como sinônimos. No entanto, a abalizada doutrina diferencia caso fortuito de força maior. Naturalmente, não haveria razão para dar nomes distintos a coisas iguais. Por isso, concorda-se com o entendimento de que caso fortuito e força maior são coisas diferentes. A força maior, aqui entendida como evento da natureza, sendo, muitas vezes, imprevisível e inevitável rompe o nexo de causalidade entre ato da Administração e dano, pois o dano causado pelo fato natural imprevisível e inevitável não pode ser imputado ao Estado. Já o caso fortuito, por ser causado pelo elemento humano, poderá ter de ser indenizado, pois poderá ser enquadrado como mau funcionamento do serviço (*faute du service*).

Para que exista o dever de reparar o dano causado pela atuação estatal comissiva, devem estar presentes os seguintes pressupostos: atuação estatal, nexo causal e dano. Sempre que um dano for causado por uma conduta positiva (também chamada comissiva) do Estado, a responsabilidade deste será objetiva, independentemente de atuação culposa ou dolosa de seus agentes. Nessa hipótese, diante do princípio da isonomia, em havendo dano resultante da conduta comissiva do Estado — quer lícita ou ilícita — toda a coletividade deverá repartir, solidariamente, o ônus proveniente de atos ou efeitos lesivos. A adoção da teoria do risco administrativo[82] tem

---

[82] Por esta teoria, o Estado responde objetivamente quando, por seus agentes, causar dano a terceiros, ressalvadas as hipóteses de culpa exclusiva da

por premissa a solidariedade social, levando em conta que a coletividade deve contribuir para a reparação dos danos causados pela atividade administrativa.

Com a Constituição de 1988, em relação aos atos comissivos do Estado, não se vislumbra espaço para defender a aplicação de uma teoria da responsabilização subjetiva do Estado, segundo a qual, para que o Estado seja punido pela prática de evento danoso a terceiros, deverá ser comprovada sua culpa (por negligência, imprudência ou imperícia) ou dolo (intenção voltada para a prática de ato sabidamente contrário ao Direito).

Em se tratando de omissão, pontua Diogenes Gasparini[83] ao comentar o art. 37, §6º da CR/88, *in verbis*:

> Sabe-se que a responsabilidade civil do Estado, instituída nesse dispositivo constitucional, é a do risco administrativo ou objetiva, dado que a culpa ou dolo só foi exigida em relação ao agente causador direto do dano. (...) O texto constitucional em apreço exige para a configuração da responsabilidade objetiva do Estado uma ação do agente público, haja vista a utilização do verbo "causar" (causarem). *Isso significa que se há de ter por pressuposto uma atuação do agente público e que não haverá responsabilidade objetiva por atos omissos.* (grifou-se)

---

vítima, culpa exclusiva de terceiros ou caso fortuito e força maior. Contrapõe-se à teoria do risco integral, que não admite nenhuma excludente da responsabilidade objetiva do Estado.

[83] GASPARINI, Diogenes. *Direito administrativo*. 11. ed. rev. atual. São Paulo: Saraiva, 2006. p. 983.

É importante destacar que o entendimento esposado ao final do trecho transcrito (em itálico) não é majoritário. A maioria da doutrina adota a teoria da responsabilidade objetiva do Estado também para as situações de omissão estatal.

Cabe comentar, também, a respeitável lição de Sergio Cavalieri Filho,[84] para quem o art. 37, §6º da CR/88 — que estabelece a responsabilidade objetiva do Estado — aplica-se tanto aos atos estatais comissivos como aos omissivos. Diz o autor que a doutrina que defende ser subjetiva a responsabilidade do Estado sempre que o dano causado decorrer da omissão administrativa merece temperança. Essa temperança inicia-se pela distinção, feita pelo autor, de duas espécies de omissão:

> Neste ponto é preciso distinguir omissão genérica do Estado e omissão específica. (...) Haverá omissão específica quando o Estado, por omissão sua, crie a situação propícia para a ocorrência do evento em situação em que tinha o dever de agir para impedi-lo. Assim, por exemplo, se o motorista embriagado atropela e mata pedestre que estava na beira da estrada, a Administração (entidade de trânsito) não poderá ser responsabilizada pelo fato de estar esse motorista ao volante sem condições. Isso seria responsabilizar a Administração por omissão genérica. Mas se esse motorista, momentos antes, passou por uma patrulha rodoviária, teve o veículo parado, mas os policiais, por alguma razão, deixaram-no

---

[84] CARVALHO FILHO, José dos Santos. *Manual de direito administrativo*. 18. ed. rev. ampl. e atual. Rio de Janeiro: Lumen Juris, 2007. p. 261.

prosseguir viagem, aí já haverá omissão específica que se erige em causa adequada do não impedimento do resultado. Nesse segundo caso haverá responsabilidade objetiva do Estado.

Parte dos doutrinadores nacionais, contudo, aplica a teoria da responsabilidade subjetiva do Estado toda vez que se estiver diante da omissão estatal. Segundo essa linha doutrinária, a Constituição assevera que as pessoas jurídicas de direito público responderão pelos danos que seus agentes causarem a terceiros, reclamando apenas o nexo causal entre conduta estatal e dano.

A responsabilização do Estado por conduta omissiva exigirá, todavia, além do nexo causal entre atuação estatal e dano, o elemento subjetivo dolo ou culpa. Esse elemento subjetivo é imputado anonimamente ao Estado quando se verifica omissão decorrente de culpa do serviço.[85] Esta teoria — sistematizada no Brasil por Oswaldo Aranha Bandeira de Mello — não é aceita, como anteriormente mencionado, pela maior parte da doutrina, tendo, contudo, sido acolhida pelos Tribunais pátrios.

---

[85] Salienta-se o entendimento de Celso Antônio Bandeira de Mello, para quem é desnecessário o aferimento de uma culpa individual do agente público para a eclosão dos efeitos da responsabilidade subjetiva. Este autor defende a existência de culpa do serviço anonimamente considerada. De todo modo, em havendo culpa ou dolo do agente, com mais segurança será aplicada a responsabilização subjetiva ao Estado que, apurando a culpa *lato sensu* de seu agente, irá responsabilizá-lo.

Iara Leal Gasos[86] pondera que

> o problema da responsabilidade civil do Estado sempre foi considerado dos mais graves e complexos que ao jurista é dado enfrentar, apresentando dificuldades de ordem teórica e prática que têm impedido a construção de um sistema doutrinário de linhas estáveis e precisas em torno da matéria. (...) O fundamento da obrigação de reparar o dano, para os tradicionalistas, é o princípio subjetivo da culpa enquanto que, para outros, é o próprio fato de lesão patrimonial, procurada apenas a relação de causalidade como o evento danoso.

Comunga-se, nesta obra, do entendimento que abraça a teoria da responsabilidade subjetiva do Estado para as hipóteses de omissão. Com efeito, a teoria da responsabilidade subjetiva pode ser extraída da Carta de 1988, uma vez que esta enuncia ser passível de responsabilização todo dano causado pelo Estado pelos atos de seus agentes. Atos são consequências de ações, condutas comissivas. Não se deve tratar como iguais condutas comissivas e omissivas quando a norma não o faz. Omissões exigem a demonstração da culpa — quer autônoma do serviço, quer do agente.

Os exemplos costumeiros a respeito da responsabilidade objetiva do Estado para os casos de conduta omissiva sempre exigem um atuar do agente público. Haverá que se demonstrar que o agente público deixou

---

[86] GASOS, Iara Leal. *A omissão abusiva do poder de polícia*. Rio de Janeiro: Lumen Juris, 1994. p. 67.

de adotar providências que a situação exija por força de lei. Para efetuar a análise sobre a obrigatoriedade ou não da atuação do agente público não se pode prescindir de verificar a ocorrência de conduta negligente (sem a devida diligência, menoscabada), imprudente (sem a observância das cautelas ordinárias) e imperita (desprovida de habilidade técnico-profissional). Todos, requisitos da culpa.

É o que ensina Celso Antônio Bandeira de Mello[87]

> O argumento de que a falta do serviço (*faute du service*) é um fato objetivo, por corresponder a um comportamento objetivamente inferior aos padrões normais devidos pelo serviço, também não socorre os que pretendem caracterizá-la como hipótese de responsabilidade objetiva. Com efeito, a ser assim, também a responsabilidade por culpa seria responsabilidade objetiva (!), pois é culposa (por negligência, imprudência ou imperícia) a conduta objetivamente inferior aos padrões normais de diligência, prudência ou perícia devidos por seu autor.

A despeito da polêmica sobre a responsabilização do Estado nos casos de omissão, dúvida não há acerca da responsabilização do agente público, seja pela conduta comissiva, seja pela conduta omissiva. Isso porque a Constituição expressamente estipula como condição à responsabilização do agente público a demonstração

---

[87] BANDEIRA DE MELLO, Celso Antônio. *Curso de direito administrativo*. 27. ed. rev. e atual. até a emenda constitucional 64, de 04.02.2010. São Paulo: Malheiros, 2010. p. 1004.

do dolo ou culpa. A previsão segue o sistema adotado pelo ordenamento jurídico de que o Estado deve repartir os encargos entre todos os que o compõem, desde que o dano provocado seja resultado de ato lícito ou de culpa anônima do serviço (quando não se pode individualizar os agentes responsáveis pela negligência, imprudência e imperícia). No entanto, é princípio vetor da responsabilidade civil do particular que ninguém será objetivamente condenado. Precisa existir ao menos a culpa. Essa exigência verifica-se tanto na órbita civil[88] como nas esferas administrativa e penal.[89] Iara Leal

---

[88] Exceção à adoção da responsabilidade subjetiva na esfera civil está no Código de Defesa do Consumidor que adotou a teoria da responsabilidade objetiva do fornecedor (Art. 14. "O fornecedor de serviços responde, independentemente da existência de culpa, pela reparação dos danos causados aos consumidores por defeitos relativos à prestação dos serviços, bem como por informações insuficientes ou inadequadas sobre sua fruição e riscos").

[89] Veja-se, nos excertos abaixo retirados de normas jurídicas, que a culpa (elemento subjetivo) é, via de regra, essencial para a responsabilização dos sujeitos. No tocante aos sujeitos: agentes públicos, toda vez que são mencionados em matéria obrigacional, é feita a ressalva da imprescindibilidade da culpa.
Código Penal, "Art. 18 – Diz-se o crime:
Crime doloso:
I – doloso, quando o agente quis o resultado ou assumiu o risco de produzi-lo;
Crime culposo:
II – culposo, quando o agente deu causa ao resultado por imprudência, negligência ou imperícia.
Parágrafo único – Salvo os casos expressos em lei, ninguém pode ser punido por fato previsto como crime, senão quando o pratica dolosamente".
Código Civil
"Art. 43. As pessoas jurídicas de direito público interno são civilmente responsáveis por atos dos seus agentes que nessa qualidade causem danos a terceiros, ressalvado direito regressivo contra os causadores do dano, se houver, por parte destes, culpa ou dolo.

Gasos[90] também defende que "a responsabilidade decorrente do exercício do poder de polícia, no seu aspecto omissivo, advém da responsabilidade com culpa da Administração".

Jesús Leguina Villa[91] afirma que

La comisión de daños por actos u omisiones culpables de los agentes encuadrados en la organización administrativa genera, segun se ha visto, la responsabilidad directa de la Administración. Pero ello no significa que

---

Art. 248. Se a prestação do fato tornar-se impossível sem culpa do devedor, resolver-se-á a obrigação; se por culpa dele, responderá por perdas e danos.
Art. 927. Aquele que, por ato ilícito (arts. 186 e 187), causar dano a outrem, fica obrigado a repará-lo.
Parágrafo único. Haverá obrigação de reparar o dano, independentemente de culpa, nos casos especificados em lei, ou quando a atividade normalmente desenvolvida pelo autor do dano implicar, por sua natureza, risco para os direitos de outrem.
Art. 186. Aquele que, por ação ou omissão voluntária, negligência ou imprudência, violar direito e causar dano a outrem, ainda que exclusivamente moral, comete ato ilícito".
Estatuto dos Servidores Públicos Civis da União – Lei nº 8.112/90
"Art. 121. O servidor responde civil, penal e administrativamente pelo exercício irregular de suas atribuições.
Art. 122. A responsabilidade civil decorre de ato omissivo ou comissivo, doloso ou culposo, que resulte em prejuízo ao erário ou a terceiros.
§1º A indenização de prejuízo dolosamente causado ao erário somente será liquidada na forma prevista no art. 46, na falta de outros bens que assegurem a execução do débito pela via judicial.
§2º Tratando-se de dano causado a terceiros, responderá o servidor perante a Fazenda Pública, em ação regressiva".

[90] GASOS, Iara Leal. *A omissão abusiva do poder de polícia*. Rio de Janeiro: Lumen Juris, 1994. p. 75.
[91] LEGUINA VILLA, Jesús. *La responsabilidad del estado y de las entidades públicas regionales o locales por los daños causados por sus agentes o por sus servicios administrativos* p. 39. Disponível em: <http://www.cepc.es/rap/Publicaciones/Revistas/1/1980_092_007.PDF>. Acesso em: 07 jul. 2009.

> el agente físico, causante material del perjuicio, quede automáticamente exonerado de todo deber de indemnizar. Por el contrario, este deber surgirá también si en su conducta dañosa ha habido dolo o culpa grave. En tal caso, la responsabilidad personal del agente público, que es solidaria con la imputable a la propia Administración (artículo 135-3 REF), puede ser exigida a través de una doble vía:
>
> a) en vía directa ante los Tribunales civiles, mediante la interposición por la víctima de una acción de resarcimiento contra el autor material del daño;
>
> b) en vía de regreso por la propia Administración (artículos 121-1 LEF, 135-1 REF y 42 LRJAE) cuando ésta hubiese indemnizado directamente a los lesionados. Esta repetición contra el funcionario o agente de lo pagado por la Administración podrá efectuarse unilateralmente por ésta, mediante la apertura del oportuno expediente administrativo en el que deberá darse audiencia al funcionario culpable y aportarse cuantas pruebas conduzcan a la ponderación de la responsabilidad de este último (artículo 135-2 REF).

Nas infrações funcionais decorrentes de omissão, os agentes públicos deverão ser responsabilizados sempre que demonstrado o elemento subjetivo (culpa ou dolo). Na esfera civil, a condenação dar-se-á com reparação pecuniária; na esfera administrativa, a condenação irá variar, conforme a gravidade da infração e os danos causados a terceiros e ao próprio serviço público, podendo ser aplicada desde a pena de advertência até a de demissão (art. 127, I a VI, da Lei nº 8.112/90); e, na criminal, (cuja responsabilidade resulta do cometimento de crimes funcionais — arts. 312 a 327 do CP —, a penalidade será a prevista para cada tipo penal, segundo o princípio da pena específica[92]). Para condenações por dano, a regra é a da responsabilização subjetiva. Não se pode condenar as pessoas que não agiram ao menos com culpa.

Em casos de omissão estatal, o Estado apenas poderá ser responsabilizado se, possuindo o dever de impedir o dano, não o fizer, descumprindo, portanto, dever legal que lhe impunha obstar o evento lesivo.

A simples relação entre ausência do serviço (omissão estatal) e o dano sofrido são considerados insuficientes para caracterizar a responsabilidade estatal. Desse modo é necessária a presença do elemento subjetivo, conforme já mencionado e segundo o pensamento acolhido neste livro, para configurar a responsabilidade subjetiva do Estado.

4.2 Deveres do agente público no exercício do poder de polícia

Em consonância com as lições até aqui esposadas, sintetiza, com brilhantismo, Caio Tácito que "a abstenção do Poder Público é uma das formas mais nocivas de violação à lei".[93]

---

[92] No Direito Penal, para que exista infração, se faz imprescindível lei anterior que a defina e comine pena (*nullum crimen, nulla poena sine lege*). Já no Direito Administrativo, inexiste pena específica para cada infração. A sanção será aplicada pela autoridade competente, nos limites da discricionariedade.

[93] TÁCITO, Caio. *O abuso de poder administrativo no Brasil*: conceito e remédios. Rio de Janeiro: Dasp, 1959. p. 11.

Restou anteriormente comentado que a inércia é incompatível com a ideia de boa administração, e esta noção remete à doutrina italiana, para quem boa administração é sinônimo de eficiência. Por isso, a inércia ou abstenção do Poder Público nas hipóteses em que existe obrigação de agir, além de violar a estrita legalidade, ofende a princípios, dentre eles, o da eficiência.

A abstenção do poder público também viola, como visto, os princípios da impessoalidade e da moralidade administrativa. No exercício do poder de polícia, a omissão administrativa fere o ordenamento jurídico. Sabe-se, no entanto, que para garantir a efetividade do Direito é necessária a previsão de sanção ao seu descumprimento. Se não houver a previsão da sanção e a certeza de sua aplicação (conforme já apregoava Cesare Beccaria[94] na clássica obra *Dos delitos e das penas*), dificilmente a norma será respeitada. Como, então, dar efetividade ao poder de polícia? De que forma coibir a abstenção do Poder Público no exercício do poder de polícia?

Uma das hipóteses aqui vislumbrada é o exercício do direito subjetivo de ação do particular em face do Poder Público, visando compeli-lo a exercer o poder de polícia, quando houver risco iminente de a omissão resultar em dano ao referido particular. Esta possibilidade

---

[94] "Não é o rigor do suplício que previne os crimes com mais segurança, mas a certeza do castigo, o zelo vigilante do magistrado e essa severidade inflexível que só é uma virtude no juiz quando as leis são brandas. A perspectiva de um castigo moderado, mas inevitável causará sempre uma forte impressão, mais forte do que o vago temor de um suplício terrível, em relação ao qual se apresenta alguma esperança de impunidade".

decorre diretamente da garantia fundamental de acesso ao Poder Judiciário, sempre que houver lesão ou ameaça de lesão a direito.[95]

Como ilustração, cabe aqui mencionar a noção de direito subjetivo público dos administrados em face da Administração, defendida por Bandeira de Mello, *in verbis*:[96]

> Ao lume do conceito de interesse público apontado como o correto, será evidentemente descabido contestar que os indivíduos têm direito subjetivo à defesa de interesses consagrados em normas expedidas para a instauração de interesses propriamente públicos, naqueles casos em que seu descumprimento pelo Estado acarreta ônus ou gravames suportados individualmente por cada qual. O mesmo dir-se-á em relação às correspondentes hipóteses em que o descumprimento pelo Estado (freqüentemente por omissão) de norma de Direito Público desta mesma tipologia não acarreta ônus, mas priva da obtenção de vantagens, de proveitos, que o irresignado pessoalmente, em sua individualidade, desfrutaria se a norma de Direito Público fosse cumprida.
>
> *A assertiva se sustenta, igualmente, nos casos em que tal desfrute (ou, inversamente, gravame), ao atingi-los individualmente, atingiria, também, conatural e conjuntamente, uma generalidade de indivíduos ou uma categoria deles, por*

---

[95] Art. 5º, XXXV, da CR/88 – "a lei não excluirá da apreciação do Poder Judiciário lesão ou ameaça a direito";
[96] BANDEIRA DE MELLO, Celso Antônio. *Curso de direito administrativo*. 27. ed. rev. e atual. até a emenda constitucional 64, de 04.02.2010. São Paulo: Malheiros, 2010. p. 62.

> *se tratar de efeitos jurídicos que pela própria natureza ou índole do ato em causa se esparziriam inexoravelmente sobre uma coletividade de pessoas, de tal sorte que não haveria como incidir apenas singularmente.* (grifou-se)

O autor preconiza, portanto, a possibilidade de o particular, individualmente, acionar a Administração para que esta atue dentro da legalidade, ainda que o resultado dessa ação venha em benefício de outras pessoas, além do próprio indivíduo.

O pedido de um particular para que a Administração fiscalize efetivamente uma área de proteção ambiental é um exemplo do exercício de um direito subjetivo (ao meio ambiente saudável, por exemplo) que aproveita a toda a coletividade inserida no ambiente a ser protegido.

Trata-se, portanto, do exercício do direito de petição,[97] por meio do qual o cidadão poderá postular administrativamente a realização da atividade de polícia prevista em lei. Diante do princípio da autotutela, poderá — porque não dizer, deverá — a Administração Pública corrigir sua inação e praticar o ato que ainda não foi exteriorizado.

Segundo o preceito constitucional da estrita legalidade, tem-se que o Estado não pode se esquivar de cumprir a norma jurídica. Ao particular, não é dado

---

[97] Art. 5º, XXXIV, da CR/88 – "são a todos assegurados, independentemente do pagamento de taxas:
a) o direito de petição aos Poderes Públicos em defesa de direitos ou contra ilegalidade ou abuso de poder;
b) a obtenção de certidões em repartições públicas, para defesa de direitos e esclarecimento de situações de interesse pessoal";

descumpri-la, e, ao Estado, é compulsório aplicá-la. Portanto, se, por exemplo, uma determinada área da União — como o são as faixas de marinha — não restar devidamente resguardada e protegida pelo órgão federal com essa competência (no caso da União, as Superintendências Estaduais do Patrimônio da União subordinadas ao Ministério do Planejamento, Orçamento e Gestão), e um empreendimento hoteleiro for construído e impedir o acesso do grande público à praia, poderá o particular requerer ao órgão competente que tome as providências legais cabíveis, inclusive com demolição do empreendimento se o mero recuo não for suficiente. Caso desse empreendimento resulte, ainda, danos ambientais, deverá a Administração promover a remoção da atividade danosa competindo-lhe, ademais, investigar se houve culpa ou dolo dos agentes públicos competentes para a fiscalização e que não a realizaram e se, diante do não agir funcional, propiciaram o dano ocorrido.[98]

É importante sublinhar que a falta de aparelhamento viabilizador da atuação do agente público deve ser considerada exclusão de culpabilidade, vez que o impedimento à atuação estatal não pode ser confundido com negligência, imprudência ou imperícia.

Não seria justo e razoável exigir que o agente público praticasse o ato de polícia, por exemplo, sem que o Estado

---

[98] A despeito da responsabilidade por dano ambiental ser sempre objetiva, nos termos da Lei nº 6.938, de 31 de agosto de 1981, a responsabilização funcional do agente público, em sua relação com a Administração Pública, ocorrerá se comprovados o dolo ou a culpa.

disponibilizasse os necessários meios viabilizadores de sua atuação. A Administração pública tem o dever de municiar seus agentes, para dar efetividade ao serviço público.

Vale transcrever a importante ponderação de Celso Antônio Bandeira de Mello acerca da obrigação da Administração Pública em dar condições para a ação do agente público.

> Claro está, de outro lado, que falhas tais como as referidas, se não foram frutos de circunstâncias releváveis, oriundas de fatores meramente ocasionais dirimentes de comprometimento do servidor, ou ligados a uma intrínseca deficiência do aparelho administrativo como um todo, acarretarão responsabilidade do agente ou agentes responsáveis, quando reveladoras de culpa ou dolo.[99]

Ao analisar a responsabilidade do Estado decorrente de danos provocados por movimentos multitudinários, Rui Stoco[100] enfatiza que

> os danos causados por movimentos multitudinários só empenham obrigação de o Estado indenizar quando tenha ocorrido omissão, falta ou falha do serviço, mesmo que anônima; quando se exigia um **facere** e se teve apenas a negligência omissiva e, ainda, quando deveria agir, mas o fez atabalhoadamente, causando danos a terceiros inocentes.

---

[99] BANDEIRA DE MELLO, Celso Antônio. Extensão das alterações dos contratos administrativos: a questão dos 25%. *Revista Brasileira de Direito Público*, Belo Horizonte, v. 1, n. 1, p. 61, abr./jun. 2003.

[100] STOCO, Rui. *Tratado de responsabilidade civil*: doutrina e jurisprudência. 7. ed. rev. atual. e ampl. São Paulo: Revista dos Tribunais, 2007. p. 1125.

Mas, demonstrado que a Administração não dispunha de meios para tanto, ter-se-á hipóteses de causa excludente de responsabilidade.

Um agente público de mãos atadas estará impossibilitado materialmente de agir, não podendo ser responsabilizado nessa circunstância.

Feitas as ressalvas acima, passa-se a outro exemplo de omissão do poder de polícia, *in verbis*:

> quando (a polícia) obrigada a intervir para garantir a segurança, deixa de agir, tornando-se mera espectadora de saques a supermercados, pela multidão enfurecida. Com efeito, a culpa por omissão é caracterizada pelo ato negativo de agir. A culpa por omissão é típica quando existe inação ante o dever de ação.[101]

Não parece lógico e razoável aguardar o acontecimento danoso para se postular a atuação estatal, até porque, após a ocorrência do dano, haverá a responsabilização do Estado suportada por toda a coletividade, caso o direito de regresso não seja exercido — prática usual que merece ser combatida.

No âmbito da responsabilidade extracontratual do Estado, a ação regressiva consiste em verdadeiro dever da Administração Pública, sempre que verificar dolo ou culpa por parte do agente público.

---

[101] GASOS, Iara Leal. *A omissão abusiva do poder de polícia*. Rio de Janeiro: Lumen Juris, 1994. p. 86.

As precisas palavras de Diogenes Gasparini[102] elucidam, de maneira prática e objetiva, a forma de exigir que o Estado exercite seu dever de recompor o Erário quando demonstrados dolo ou culpa do agente público na atividade que ensejou a reparação pelo Estado, *in litteris*:

> A ação regressiva é medida judicial de rito ordinário, que propicia ao Estado reaver o que desembolsou à custa do patrimônio do agente causador do dano, que tenha agido com dolo ou culpa no desempenho de suas funções. (...) Tal medida deve ser interposta, uma vez transitada em julgado a sentença que condenou a Administração Pública a satisfazer o prejuízo, após o pagamento da indenização, pois somente depois desse ato consuma-se o efetivo prejuízo da Administração Pública, ou após esse pagamento, nos casos de acordo. (...) O direito de regresso não prescreve, consoante expressamente declara a parte final do §5º do art. 37 da Lei Maior. (...) Esse procedimento pode ser levado a efeito na esfera administrativa. (...) Entendendo corretos e justos o procedimento e o valor a ressarcir, o agente público concorda e efetua o pagamento de uma só vez ou em certo número de parcelas, variáveis ou fixas, descontáveis em folha, que, a final, satisfarão o montante da indenização. (...) Por fim, diga-se que mesmo com o pagamento da indenização o agente causador do dano não se libera das responsabilidades administrativa e penal, quando em razão de sua atuação incidirem sobre sua pessoa.

---

[102] GASPARINI, Diogenes. *Direito administrativo*. 11 ed. São Paulo: Saraiva, 2006. p. 979, 980.

Deve-se ter em mente que o patrimônio a recompor em caso de dano provocado pelo agente público, com dolo ou culpa, é o patrimônio público; inegociável, portanto, segundo o primado da indisponibilidade do interesse público.

Inserindo-se o patrimônio público na órbita do interesse público e, sendo este indisponível, entende-se não ser a ação regressiva, visando à recuperação de dinheiro público pelo Estado, mera faculdade da Administração Pública. Revela-se verdadeiro dever de agir.

Ainda que não houvesse lei[103] assinalando prazo máximo para o ingresso da ação de regresso e cominando

---

[103] Trata-se da Lei nº 4.619/65 que assim dispõe:
"Art. 1 Os Procuradores da República são obrigados a propor as competentes ações regressivas contra os funcionários de qualquer categoria declarados culpados por haverem causado a terceiros lesões de direito que a Fazenda Nacional seja condenada judicialmente a reparar.
Parágrafo único. Considera-se funcionário para os efeitos desta lei, qualquer pessoa investida em função pública, na esfera Administrativa, seja qual fôr a forma de investidura ou a natureza da função.
Art. 2 O prazo para ajuizamento da ação regressiva será de sessenta dias a partir da data em que transitar em julgado a condenação imposta à Fazenda.
Art. 3 A não obediência, por ação ou omissão, ao disposto nesta lei, apurada em processo regular, constitui falta de exação no cumprimento do dever.
Art. 4 A competência para iniciar a ação regressiva cabe ao Procurador lotado no Estado em que haja ocorrido o processo judicial cuja decisão contra a Fazenda haja transitado em julgado.
§1º No Distrito Federal e nos Estados em que funcionem mais de um Procurador, a obrigação cabe ao que tenha funcionado no feito de que tenha resultado a condenação da Fazenda; e se mais de um houver funcionado, qualquer dêles terá competência para propor a conseqüente ação regressiva contra o funcionário ou pessoa investida em função pública, incorrendo todos na mesma falta, se nenhum dêles intentar a referida ação.
§2º Ocorrendo a falta coletiva prevista no §1º dêste artigo, o Procurador-Geral designará um dos Procuradores para propor imediatamente a ação regressiva.

sanção funcional ao agente público que deixar de fazê-lo, o manejo do princípio e a aplicação do art. 37, §§5º e 6º da CR/88 já determinam que o exercício do direito de regresso não é faculdade da Administração. Ela não pode imotivadamente doar, de forma indireta, valores públicos a seus agentes como "prêmio" a uma atuação funcional ilegítima.

O Erário é composto pelo patrimônio de todos para a satisfação das necessidades públicas. O Estado gerencia esse patrimônio. Não pode, contudo, dele dispor ou a ele renunciar, mormente para beneficiar agente seu que agiu ilegalmente. Se assim atuasse, a Administração Pública estaria dispondo de patrimônio alheio, privilegiando servidor seu. Isso não pode ser admitido.

A falta praticada por agente público, com dolo ou culpa, que causa danos e que resulta no dever de indenizar do Estado é tão grave que a Constituição, no art. 37, §5º, abre uma exceção à regra da prescritibilidade e determina que os ilícitos que causem prejuízo ao Erário, por agentes públicos ou não, serão imprescritíveis.[104]

Art. 5 A cessação, por qualquer forma, do exercício da função pública, não exclui o funcionário, ou pessoa nela investida, da responsabilidade perante a Fazenda.
Art. 6 A liquidação do que fôr devido pelo funcionário estável à Fazenda Nacional poderá ser feita mediante desconto em fôlha de pagamento, o qual não excederá de uma quinta parte da importância de seu vencimento ou remuneração.
Art. 7 Esta lei entrará em vigor na data de sua publicação, revogadas as disposições em contrário".

[104] A doutrina entende que nem todos os ilícitos que causem prejuízo ao erário serão imprescritíveis. Vigora a ideia de que apenas os atos de improbidade que causem prejuízo ao erário serão imprescritíveis.

Logo a seguir, no §6º do mesmo art. 37, define a Constituição que o Estado responderá pelos danos que seus agentes causarem a terceiros, ressalvado o direito de regresso para os casos de dolo ou culpa.

Estes comandos constitucionais recepcionaram a Lei nº 4.619/65 (transcrita em nota de rodapé neste livro), que dispõe sobre a ação regressiva da União contra seus agentes, a ser proposta por membro da Advocacia-Geral da União (AGU).

Embora a lei fale em Procurador da República como legitimado ativo, é importante compreender que, em 1965, o Ministério Público Federal detinha competências que após a Constituição de 1988 foram transferidas para a Advocacia-Geral da União, como a representação judicial e extrajudicial da União. Por isso, atualmente, a competência para o ingresso da ação prevista pela Lei nº 4.619/95 é da Advocacia-Geral da União.

O Tribunal de Contas da União, na decisão em Plenário nº 13/01, assim estipulou:

> Procedimentos relativos à indenização a terceiros de danos causados por agentes públicos nessa condição; resposta de que a aludida indenização pode se dar: judicialmente, em cumprimento de sentença confirmada em segunda instância e administrativamente, por meio de processo administrativo; a *administração deve*, em ambas as hipóteses, buscar a reparação do valor indenizatório pago mediante regresso contra o agente responsável nos casos de dolo ou culpa, apurados por intermédio de sindicância ou processo administrativo.

Indubitável, pois, o dever da Administração em buscar a reparação dos danos causados por seus agentes. Caso não o faça, a omissão será punida funcionalmente (art. 3º, da Lei nº 4.619/65).

Não se pode esquecer, outrossim, das formas de controle da Administração Pública pelos administrados previstos no Direito de Petição e de Representação. Diogenes Gasparini[105] oferece preciosa lição, explicando os dois institutos — o direito de petição e o direito de representação, informando seus efeitos e ainda sugerindo alternativas na esfera judicial, na hipótese de ausência de solução administrativa. Diz o autor:

> É instituto antigo, reconhecido às pessoas para defender seus direitos ou interesses difusos. Nasceu na Inglaterra, na Idade Média, com o nome de **right of petition**. É o direito que toda a pessoa tem, perante a autoridade administrativa competente de qualquer dos Poderes, de defender seus direitos ou o interesse coletivo. Segundo a sua natureza e a orientação doutrinária, é direito dotado de eficácia, isto é, que exige pronunciamento da autoridade competente a quem é dirigido. Na falta desse pronunciamento, cremos que cabe mandado de segurança. (...)
>
> Embora o fundamento constitucional seja o mesmo (art. 5º, XXXIV, a), é claro que o direito de petição não se confunde com o direito de representação, ainda que tenham

---

[105] GASPARINI, Diogenes. *Direito administrativo*. 11. ed. São Paulo: Saraiva, 2006. p 889, 890.

o mesmo fundamento constitucional e igual veículo de realização. A representação é a denúncia solene (escrita e em termos) datada e subscrita por qualquer pessoa, de irregularidade ou abuso de poder no âmbito da Administração Pública. Não se presta, pois, para a defesa de interesses próprios ou difusos. (...) não obriga a Administração Pública a tomar qualquer medida. Seu principal efeito é informar a Administração Pública da irregularidade, do desmando, do abuso, cuja correção, se for o caso, caber-lhe-á segundo e como o que entende mais conveniente. (...)

Exemplo de representação tem-se no art. 74, §2º, da Constituição Federal, que estatui: Qualquer cidadão, partido político, associação ou sindicato é parte legítima para, na forma da lei, denunciar irregularidades ou ilegalidades perante o Tribunal de Contas da União.

Embora o escopo deste livro seja buscar apontar medidas administrativas eficazes ao combate da omissão da Administração Pública no exercício do poder de polícia, não se pode deixar de mencionar, de passagem, o cabimento de medidas judiciais para reclamar atuação da Administração Pública.

A Lei da Ação Popular[106] (Lei nº 4.717/65), em seu art. 6º, estabelece que

---

[106] Lei nº 4.717/1965, recepcionada pelo art. 5º, LXXIII, da CR/88 e que confere a qualquer cidadão a legitimidade para ingressar com ação popular visando a anular ato lesivo ao patrimônio público, à moralidade administrativa, ao meio ambiente e ao patrimônio histórico e cultural.

a ação será proposta contra as pessoas públicas ou privadas e as entidades referidas no art. 1º, contra as autoridades, funcionários ou administradores que houverem autorizado, aprovado, ratificado ou praticado o ato impugnado, ou que, por omissão, tiverem dado oportunidade à lesão, e contra os beneficiários diretos do mesmo.

Até aqui foram vistos mecanismos garantidores da aplicação do princípio da indisponibilidade do interesse público, demonstrando o dever da Administração em acionar seu agente público — quer administrativa, quer judicialmente — quando violar, culposa ou dolosamente, um dever funcional — mais especificamente, nesta obra, ao omitir-se no dever de exercer o poder de polícia.

Repisa-se que a responsabilidade extracontratual do Estado não existe para eximir o agente público faltoso de seus deveres e que, com essa falta ilegítima, provoque dano. Existe para alargar a garantia dos administrados que devem receber imediata resposta ressarcitória do Estado. Este, internamente, no âmbito da Administração Pública, tomará as medidas correicionais pertinentes. Além disso, independentemente da ocorrência de dano patrimonial ensejador da responsabilidade civil do agente, o sistema jurídico pátrio protege a indisponibilidade do interesse público, alertando para a responsabilização direta do agente público que infringir dever funcional com dolo ou culpa e desrespeitar preceitos administrativos que por si só sejam puníveis com base na legislação regente dos deveres e obrigações dos agentes públicos.

Defende-se uma atuação efetiva do Estado em face de seus agentes toda vez que for apurada e demonstrada infração ao dever funcional. O controle: I – dos cidadãos exigindo providências do Estado e II – da Administração aplicando a lei e responsabilizando seus agentes na exata medida de suas atuações, auxiliarão na redução da desobediência à lei e estimularão uma atuação administrativa sempre mais eficiente.

Iara Gasos[107] defende expressamente a utilização da demanda judicial para compelir o Estado a fazer o uso do poder de polícia, visando à prevenção do dano.

Algumas passagens do seu livro são verdadeiras lições que merecem transcrição integral. Leciona a autora:

> Se a intranqüilidade pública deve desaparecer com atuação da polícia administrativa, por essa gestão devem ser respeitados os indivíduos e seus direitos. Se a Administração se mantém passiva, a falta da realização do serviço não deverá jamais criar dano, podendo ser considerada a inação como ato ilícito. (...) Considerando a omissão um ato ilícito, onde a Administração devia atuar e queda-se inerte, há que se considerar abuso a direito a lesão danosa produzida através da ineficaz execução de um ato de polícia administrativa. (...) A lesão que aqui se analisa refere-se à omissão, à inércia, para ditar o ato definitivo e legítimo, ou porque não se realizam os direitos materiais que legalmente corresponde à Administração Pública para

---

[107] GASOS, Iara Leal. *A omissão abusiva do poder de polícia*. Rio de Janeiro: Lumen Juris, 1994. p. 86, 87, 88, 90, 91, 92, 94, 95.

praticar o ato respectivo. (...) Essa situação de causar dano ou perigo a direitos de particulares pode apresentar-se em atividades de polícia, havendo, nesses casos, realmente, uma atividade negligente e portanto injustificada, que não corresponde adequadamente a uma boa gestão da atividade. Apresenta-se atividade irrazoável ou injustificada da Administração Pública quando, por sua negligência ou abandono, causa prejuízo a particulares que necessitam de sua gestão, pois essa atividade negativa, omissiva, etc. não se justifica, nem tem causa. A inatividade é desproporcional à necessária e urgente atividade da função policial. Donde pode-se concluir que, onde houver imposta uma atuação positiva, por lei, sua inação resulta abuso de direito. (...) O papel do judiciário, dentro da nova ordem jurídica, abrange sorte mais ampla, proteção mais genérica aos jurisdicionados, abrangendo o princípio da legalidade tudo o que direta ou indiretamente decorra do imperativo de obedecer à norma jurídica, à norma legal, enfim, o contexto do Estado de Direito. (...) Qualquer cidadão pode ir a juízo e pedir que seja declarada a nulidade do ato por atentatório à moralidade administrativa, não precisando estabelecer, como antes necessitava, entre o ato que se atacava como ilegal e o de empobrecimento da Administração, a lesão ao patrimônio. Hodiernamente, a lesão envolve um conceito social de moralidade. (...) Examinando o instituto à luz da nova Constituição, denota-se incontroverso o direito do cidadão em acionar o Judiciário para compelir a Administração a exercer o seu poder de polícia, quando, deixando de praticar o ato de seu cometimento, o faz abusivamente ou arbitrariamente, podendo, na sua desídia em atuar, prejudicar diretamente o particular, ocorrendo lesão do seu direito.

Mais adiante, valendo-se de um julgado do Tribunal de Justiça do Rio de Janeiro – Apelação nº 1.549/89, relator Desembargador Martinho Campos, a autora confirma seu raciocínio, *in verbis*:

> Discute-se sobre o exercício do poder de polícia e se o Município pode ser compelido a praticar atos que impeçam o mau uso dos bens de uso comum do povo. Em princípio o poder é discricionário. A oportunidade e a conveniência do exercício do poder de polícia são de livre escolha da Administração. Mas se o poder público ao praticar o ato o faz abusiva ou arbitrariamente pode o particular recorrer ao judiciário para efetivar o seu direito. E se o poder público se omite abusivamente prejudicando diretamente o particular? Também nessa hipótese pode ocorrer a lesão do direito, gerando o seu direito subjetivo. A hipótese é de omissão abusiva. Em torno do muro de proteção da propriedade do Autor, na calçada, em logradouro público, iniciou-se a construção de barracos, sem que o Município tomasse qualquer providência para coibir o mau uso do bem de uso comum do povo. Sustenta o Município que a oportunidade e a conveniência de sua ação é de sua escolha. Isto não se contesta, mas se o uso abusivo tolhe diretamente o direito de utilização do bem comum, a tolerância do poder público passa a ser abusiva ou arbitrária, podendo o particular socorrer-se do Judiciário para compelir a Administração para cumprir seu dever de desobstruir o logradouro público. É claro que tal direito não pode ser exercido por qualquer cidadão, mas apenas por aqueles a quem afeta diretamente a omissão, pois o direito subjetivo decorre de uma lesão àquele que é diretamente prejudicado. (...) E a ação cominatória é

o meio adequado. Se alguém tem o dever de agir e se omite pode ser compelido pelo prejudicado a fazê-lo.

Em Portugal, país que adota a dualidade de jurisdições — a administrativa e a jurisdicional — existe a figura da ação, com pedido condenatório, à prática do ato administrativo legalmente devido a ser proposta perante o Conselho de Estado português. Sobre este tema é a obra de Rita Calçada Pires.[108]

Essa figura jurídica, inserida em 2002 no ordenamento jurídico português, consiste em importante ferramenta dos administrados para requerer à Administração a prática de ato administrativo legalmente devido. Rita Calçada Pires[109] ensina que no Direito Português

> Apresentam-se distintas as funções do pedido de impugnação e do pedido de condenação à prática de acto devido. Enquanto o primeiro surge como instrumento de defesa da legalidade por excelência e dos direitos dos particulares que se bastem com a mera anulação do acto ilegal, o segundo assume-se como o meio central de defesa dos direitos e interesses protegidos dos particulares que

---

[108] PIRES, Rita Calçada. *O pedido de condenação à prática de acto administrativo legalmente devido:* desafiar a modernização administrativa?. Coimbra: Almedina, 2006. Nesta obra, a autora ensina que o mero pedido de anulação do ato ilegal não gera efetivação de direitos em uma Administração Prestadora e comenta o novo Código de Processo nos Tribunais Administrativos que incorporou a figura da condenação da Administração à prática do ato administrativo legalmente devido.

[109] PIRES, Rita Calçada. *O pedido de condenação à prática de acto administrativo legalmente devido*: desafiar a modernização administrativa?. Coimbra: Almedina, 2006. p. 140, 17, 28, 29, respectivamente.

necessitam de actos posteriores à anulação e que se vêem confrontados com a omissão administrativa.

(...)

A transformação que houve ao nível das relações particulares-Administração revelou a necessidade de os tribunais poderem condenar a Administração a agir de determinada forma ou a realizar determinada tarefa. A artificial insindicabilidade do ente administrativo foi fruto de uma visão amedrontada do controlo judicial da actuação administrativa, talvez decorrente da interpretação histórica rígida que se fez da lei francesa da separação de 1790, onde claramente se afirmava, como demonstra Garcia de Enterría, que, porque já não há absolutismo, já não há necessidade de oferecer ao poder judicial vastos poderes de fiscalização e controlo, uma vez que estes já estão assegurados pela independência originária do poder executivo. Porém, tal insindicabilidade talvez fosse aceitável se o corpo administrativo jamais cometesse erros e jamais vergasse a outros interesses que não o interesse público e não omitisse a satisfação dos direitos e interesses dos particulares consagrados na lei. (...) Cresceu a ideia de que não faz sentido negar, em sede declarativa, a condenação da Administração, nomeadamente à prática de acto devido, recusando a permanência de um sistema inadaptado à realidade que assentava em degraus de protecção lentos e limitados que em nada protegiam as dimensões privadas. A conscientização das limitações intrínsecas do recurso de anulação, através da insuficiência prática da figura, abriram portas à dogmatização da condenação para prática do ato legalmente devido.

Para evitar que a coletividade suporte o ônus de uma omissão administrativa no exercício do poder de polícia, deve a Administração, aquela que por primeiro possui condição de avaliar a atuação de seus agentes, compeli-los a agir por meio do principal instrumento legal posto à sua disposição: o Estatuto dos Servidores Públicos. Na seara federal, existe a Lei nº 8.112/90, cujo manejo efetivo na apuração da conduta omissiva dos agentes públicos competentes para o exercício do poder de polícia pode reduzir a ocorrência de fatos danosos à coletividade.

Cumpre esclarecer que não se pretende aqui considerar que os agentes sejam responsáveis em lugar do Estado, remonta ao período imperial o regramento que consagrava o princípio da responsabilidade dos agentes públicos em lugar da responsabilidade do Estado.[110]

Por outro lado, sabendo que o Estado é uma realidade jurídica que age ou deixa de agir por intermédio de seus agentes, parece que a atuação estatal será tanto mais efetiva quanto maior a certeza de que a gestão dos direitos, interesses e serviços da coletividade serão controlados pelo próprio cidadão diante dos direitos e garantias colocados à sua disposição.

---

[110] Constituição de 1924: "Art. 99. A Pessoa do Imperador é inviolavel, e Sagrada: Elle não está sujeito a responsabilidade alguma. Art. 179, XXIX. Os Empregados Publicos são strictamente responsaveis pelos abusos, e omissões praticadas no exercicio das suas funcções, e por não fazerem effectivamente responsaveis aos seus subalternos".

O Estado avoca a titularidade exclusiva do exercício do poder de polícia. Sendo assim, deve desempenhá-la com eficiência por meio de seus agentes.

Repisa-se que nem sempre os órgãos públicos estão integralmente aparelhados para o perfeito desempenho da polícia administrativa. Como, também, nem sempre o aparelhamento é insuficiente. Para esses casos, de aparelhamento suficiente ao desempenho da função e de omissão dolosa ou culposa do agente público, há a previsão de responsabilização funcional do agente público.

Portanto, no exemplo trazido por Cahali,[111] contido no ementário *RJTJRS* 161/387,

> Se o Estado, através de seu órgão competente, se omite de exigir, para feitura de obra com suscetibilidade de provocar dano ambiental, o RIMA, autoriza a obra sem fiscalizá-la quando da execução, e podendo, diante da degradação ambiental que se realizava, revogar a autorização dada e não a revoga, sua omissão é negligente e ingressa no nexo de causa e efeito das degradações ambientais havidas., (...) De resto, há sempre de ser ter presente que esse "poder de polícia", inerente à autoridade administrativa, está necessariamente atrelado ao "dever de fiscalização" em termos de implicação e polaridade. Em outras palavras: toda atividade ou serviço destinado ao grande público, sujeito a autorização, regulamentação, disciplina, ou permissão do

---

[111] CAHALI, Yussef Said. *Responsabilidade civil do Estado*. 3. ed. rev. atual. e ampl. São Paulo: Revista dos Tribunais, 2007. p. 310, 392.

Poder Público, deve merecer por parte dos agentes da Administração a permanente fiscalização na regularidade de sua prestação ou desempenho, sob cominação de responsabilidade pelos danos causados por suas omissões ou desídia.

Ensina, ainda, o jurista que[112]

Na sua amplitude conceitual, o "poder de polícia" inerente à Administração Pública envolve a autorização e fiscalização das atividades, dos serviços e das obras regulamentadas, em cuja consecução ou desenvolvimento deve estar presente a figura do agente administrativo com vistas à preservação da integridade física e patrimonial da população.

É importante mencionar que mesmo no exercício do poder de polícia, cujo ato se origine da competência discricionária, como, por exemplo, a autorização para porte de arma, a discricionariedade não pode ser considerada jamais sinônimo de arbitrariedade. Por isso, mesmo nos casos de exercício de competência discricionária, poderá o poder público, na pessoa de seus agentes, ser instado a praticar o ato de polícia.

Amaro Cavalcanti[113] esclarece, ao tratar da omissão no poder de polícia, que:

---
[112]*Ibidem*, p. 392.
[113]CAVALCANTI, Amaro. *Responsabilidade civil do Estado*. Rio de Janeiro: Laemmert, 1905. p. 515, 516.

não fazemos dúvida em aceitar, como verdadeiro, o princípio de que só excepcionalmente deve o Estado prestar indenização pelo dano **in omitendo**, proveniente das medidas policiais, mas entendemos que esse direito, embora de exceção, precisa ser realmente atendido e reconhecido nos casos em que se verificar que, da negligência proposital ou culposa do funcionário, é que resultará a lesão do direito individual.

Diante da omissão injustificada do agente público, deverá ser apurada sua responsabilidade ao deixar de agir legalmente, pois nunca é demais repetir a máxima de Caio Tácito, "a abstenção do Poder Público é uma das formas mais graves de violação à lei". Em sendo dever de todo agente público obediência aos comandos legais, sua abstenção ilegal poderá ensejar as três espécies de responsabilização, sendo certa, no entanto, a responsabilização administrativa, vez que a desídia (inércia, negligência) é conduta funcionalmente punível (art. 117, XV).

Aos agentes públicos que se omitem ilegalmente existe um rol extenso de penalidades correspondente a toda infração a um dever funcional.

Na atividade de polícia administrativa não é diferente.

Para a análise dos deveres e responsabilidades dos agentes incumbidos da tarefa de polícia administrativa tomar-se-ão por base preceitos do Estatuto dos Servidores Públicos Civis da União — materializados na Lei nº 8.112/90 — que é reproduzida por outros entes da federação, além de ser a lei federal a regular as atividades dos servidores públicos.

4.2.1 Deveres e responsabilidades dos servidores públicos federais

Os deveres do agente público, segundo sistematizado na doutrina,[114] podem ser reunidos em quatro grupos. São eles:

a) Dever de agir: ao administrador público cabe desempenhar, a tempo, as atribuições do cargo, função ou emprego público de que é titular. Reconhece-se nessa oportuna atuação um dever do agente público. As competências do cargo, função ou emprego público devem ser exercidas em sua plenitude e no momento legal. Não se satisfaz o direito com o desempenho incompleto ou a destempo da competência e, pior ainda, com a omissão da autoridade.

Isso se dá porque o agente público, mesmo quando detém a faculdade de agir, tem essa faculdade prevista e limitada pela lei. Em se omitindo, ainda que seja em situações nas quais a lei deixe a seu juízo a melhor oportunidade e a mais adequada medida dentre as legalmente cabíveis, e em havendo possibilidade de dano pela indefinida espera da Administração, estará o servidor sujeito às punições de ordem administrativa (arts. 124 e 127, I a VI da Lei nº 8.112/90).[115]

---

[114] GASPARINI, Diogenes. *Direito administrativo*. 11. ed. rev. e atual. São Paulo: Saraiva, 2006. p. 150 *et seq.*

[115] "Art. 124. A responsabilidade civil-administrativa resulta de ato omissivo ou comissivo praticado no desempenho do cargo ou função.

b) Dever de eficiência: o princípio da eficiência, conhecido entre os italianos como dever de boa administração, impõe ao agente público a obrigação de realizar suas atribuições com rapidez, perfeição e rendimento, além, por certo, de observar outras regras, a exemplo do princípio da legalidade. O desempenho deve ser rápido e oferecido de forma que satisfaça os interesses dos administrados e da coletividade. Nada justifica qualquer procrastinação. Aliás, essa atitude do agente público pode levar o Estado a indenizar os prejuízos que o atraso possa ter ocasionado ao interessado, num dado desempenho estatal.

No exercício do poder de polícia, cujas principais medidas são a imposição de multa,[116] a interdição de

---

Art. 125. As sanções civis, penais e administrativas poderão cumular-se, sendo independentes entre si.
Art. 126. A responsabilidade administrativa do servidor será afastada no caso de absolvição criminal que negue a existência do fato ou sua autoria.
Art. 127. São penalidades disciplinares:
I – advertência;
II – suspensão;
III – demissão;
IV – cassação de aposentadoria ou disponibilidade;
V – destituição de cargo em comissão;
VI – destituição de função comissionada".

[116] É oportuno mencionar que, na esfera federal, a Lei n 9.873/99 estabelece o prazo de prescrição para o exercício da ação punitiva pela Administração Pública Federal, direta e indireta, no exercício do poder de polícia, objetivando apurar infração à legislação em vigor, contados da data da prática do ato ou, no caso de infração permanente ou continuada, do dia em que tiver cessado.

atividade, a destruição de armas, a inutilização de gêneros alimentícios impróprios ao consumo e o embargo de obra, a atuação com rapidez, perfeição e rendimento imprimem confiança na Administração Pública. Gasparini fala em rendimento, aludindo aos benefícios para o serviço público e à coletividade. A rapidez implica ausência de demora na realização da atividade dentro das competências do agente público. Se, em razão da demora do agente público em praticar determinado ato (por exemplo, demorar anos para embargar obras irregulares nas encostas de morros, visível por todos os pontos em uma cidade e, em decorrência da ausência de providência, houver deslizamentos, causando danos a particulares), ocorrer dano caberá apenas o apelo à indenização pela falta do serviço que, muitas vezes, não compensará integralmente o lesado, mormente se do dano resultar perda de alguma vida. A ausência de eficiência — atuação rápida, perfeita e com rendimento — é dever legal do agente público. Na prática deste dever legal, a omissão deverá ser, portanto, punida, nos limites da responsabilidade subjetiva.

    c) Dever de probidade: este dever impõe ao agente público o desempenho de suas atribuições sob pautas que indicam atitudes retas, leais, justas e honestas, notas marcantes da integridade do caráter do homem.

Toda ação que fuja da honestidade na gestão administrativa será ilegítima. A probidade, ao lado da eficiência, constitui verdadeira inspiração ao dever funcional, sendo requisito indispensável ao legítimo desempenho dos deveres-poderes atribuídos aos agentes públicos, tendo por resultado o regular funcionamento da Administração Pública, tornando cada vez mais escassas as ilicitudes e atingindo o objetivo do Estado em garantir o bem comum.

d) Dever de prestar contas: é da essência da gestão de bens, direitos e serviços alheios o dever de prestar contas, conforme estabelece o art. 668 do Código Civil. É, portanto, encargo ou obrigação de quem administra coisas de terceiros. Na Administração Pública não é diferente e mais se justifica. Trata-se de prestação de contas sobre a gestão de um patrimônio que pertence à coletividade.

A prestação de contas não envolve exclusivamente dinheiro: abrange todos os atos do agente público que está a agir em nome do Estado no interesse da coletividade.

4.3 Jurisprudência relevante

1 – Supremo Tribunal Federal – STF; Recurso Extraordinário nº 327904/SP – Relator: Ministro Carlos Brito Julgamento: 15.08.2006 Órgão Julgador: Primeira Turma (*DJU* 08.09.2006 – p. 00043).

EMENTA: RECURSO EXTRAORDINÁRIO. ADMINISTRATIVO. RESPONSABILIDADE OBJETIVA DO ESTADO: §6º DO ART. 37 DA MAGNA CARTA. ILEGITIMIDADE PASSIVA AD CAUSAM. AGENTE PÚBLICO (EX-PREFEITO). PRÁTICA DE ATO PRÓPRIO

DA FUNÇÃO. DECRETO DE INTERVENÇÃO. O §6º do artigo 37 da Magna Carta autoriza a proposição de que somente as pessoas jurídicas de direito público, ou as pessoas jurídicas de direito privado que prestem serviços públicos, é que poderão responder, objetivamente, pela reparação de danos a terceiros. Isto por ato ou omissão dos respectivos agentes, agindo estes na qualidade de agentes públicos, e não como pessoas comuns. *Esse mesmo dispositivo constitucional consagra, ainda, dupla garantia: uma, em favor do particular, possibilitando-lhe ação indenizatória contra a pessoa jurídica de direito público, ou de direito privado que preste serviço público, dado que bem maior, praticamente certa, a possibilidade de pagamento do dano objetivamente sofrido. Outra garantia, no entanto, em prol do servidor estatal, que somente responde administrativa e civilmente perante a pessoa jurídica a cujo quadro funcional se vincular. Recurso extraordinário a que se nega provimento.* (grifou-se)

Conforme se depreende da ementa acima, o STF, ao interpretar o art. 37, §6º, da CR/88, deduziu que referido dispositivo estabelece garantias em favor do particular e em prol do servidor estatal.

De acordo com esse entendimento jurisprudencial, o particular poderia acionar diretamente apenas o Estado, nunca o agente público, sendo este demandado somente pelo Estado, via ação regressiva.

Esse entendimento refuta a conhecida jurisprudência que permite ao particular ingressar I – ou em juízo diretamente contra o Estado; II – ou em face do Estado e do agente público se o fundamento da demanda for o mesmo; III – ou ainda, diretamente em face do agente público causador do dano.

Celso Antônio Bandeira de Mello,[117] ao contrário da mencionada decisão do STF, sustenta com vigor ser facultado ao particular demandar diretamente o agente público ao afirmar que:

> o direito de regresso é protetor do interesse do Estado. Prevê forma de seu ressarcimento pela despesa que lhe haja resultado da condenação. **Também nele nada há de proteção ao funcionário.** A indicação da via pela qual o Poder Público vai se recompor não é indicação, nem mesmo implícita, de que a vítima não pode acionar o funcionário. (...) **não faz qualquer sentido extrair de regra defensora dos direitos dos agravados a conclusão de que lhes é interdito procede contra quem, violando o direito, foi o próprio agente do dano.** (...)
> Em suma, o entendimento de que o lesado por ação de servidor público praticada a título de exercício de suas funções só contra o Estado pode ser movida, tem uma conseqüência manifestamente perversa: ao invés de desestimular o mau servidor a agir com dolo, negligência, imprudência ou imperícia, estimula-o a proceder como bem queira, pois o coloca a salvo das conseqüências de seus atos.

Verificando, com argúcia, a mudança advinda desse entendimento jurisprudencial, o insigne doutrinador atualizou sua obra, combatendo com ênfase, o novo entendimento do STF.

---

[117] BANDEIRA DE MELLO, Celso Antônio. *Curso de direito administrativo*. 27. ed. rev. e atual. até a emenda constitucional 64, de 04.02.2010. São Paulo: Malheiros, 2010. p. 1028, 1029, 1031.

Aparentemente, o exercício do direito de ação em face do agente público, no caso da responsabilidade subjetiva do Estado, antes da eventual condenação deste, não se encontra proibido pela Constituição. O que o art. 37, §6º, da CR/88 expressamente prevê é que o exercício do direito de regresso depende da prévia condenação estatal. A Carta Magna determina que, em sendo verificados o dolo ou a culpa do agente público, a Administração Pública, se condenada judicialmente, proponha a ação regressiva contra aquele.

Por outro lado, embora o julgado do STF possa sofrer críticas, tem por mérito, ao menos, o de posicionar-se expressa e claramente sobre tão tormentoso tema.

> 2 – Supremo Tribunal Federal – STF; Recurso Extraordinário 2ª turma - Relator: Ministro Temístocles Brandão Cavalcante – *RDA* 97/117
>
> A Administração Pública responde civilmente pela inércia em atender a uma situação que exige a sua presença para evitar a ocorrência danosa.

> 3 – Supremo Tribunal Federal – STF; Recurso Extraordinário nº 372.472- 2ª turma – Relator: Ministro Carlos Veloso – *DJU* (28.11.2003, p. 33)
>
> Constitucional. Administrativo. Civil. Responsabilidade civil do Estado. Ato omissivo do Poder Público. Detento morto por outro preso. Responsabilidade subjetiva. Culpa publicizada. Falta do serviço. CF, art. 37, §6º, I – Tratando-se de ato omissivo do Poder Público, a responsabilidade civil por esse ato é subjetiva, pelo que exige dolo, em sentido estrito, esta numa de suas três

vertentes — a negligência, a imperícia ou a imprudência — não sendo, entretanto, necessário individualizá-la, dado que pode ser atribuída ao serviço Público, de forma genérica, a falta do serviço. II – A falta do serviço — *faute du service* dos franceses — não dispensa o requisito da causalidade, vale dizer, do nexo de causalidade entre a ação omissiva atribuída ao Poder Público o dano causado a terceiro. III – Detento assassinado por outro preso. Responsabilidade civil do Estado. Ocorrência da falta do serviço com a culpa genérica do serviço público, dado que o Estado deve zelar pelo integridade física do preso. IV – Recurso extraordinário conhecido e não provido.

A culpa anônima do serviço, já abordada anteriormente neste livro (item 4.2) resulta do descumprimento da lei e reclama, pelo menos de acordo com parte da doutrina e com os Tribunais Superiores pátrios, a existência do elemento subjetivo como condição para a responsabilização do Estado.

Existe respeitável entendimento divergente, como o sustentado por Weida Zancaner,[118] *in verbis*:

> A teoria subjetiva permaneceria ainda, a nosso ver, nas relações Estado-funcionário. Nessa relação, o direito de regresso do Estado contra o funcionário condiciona-se à culpabilidade deste último. No mais, tem a teoria objetiva, a nosso ver, condições, em nosso país, de subsumir a teoria subjetiva.

---

[118] ZANCANER, Weida. *Da responsabilidade extracontratual da administração pública*. São Pauto: Revista dos Tribunais, 1981. p. 32.

Não é, entretanto, a corrente adotada nesta obra. Os julgados 2 e 3 veem corroborar a opção pela teoria da responsabilidade subjetiva para os casos de omissão estatal ilegal.

> 4 – Supremo Tribunal Federal – STF; Recurso Extraordinário – Relator: Ministro Viveiros de Castro – *RF* 42/68
>
> Responsabilidade civil do Estado. Movimentos multitudinários. Danos. Indenização. O Estado é responsável pelos atos de seus empregados, praticados dentro da esfera de suas atribuições, sejam esses atos lícitos ou ilícitos.
>
> 5 – Supremo Tribunal Federal – STF; 1ª turma. Recurso Extraordinário – Relator: Ministro Barros Barreto – *RT* 225/581
>
> Sem prova de culpa não responde o Estado por prejuízos causados por levantes populares.
>
> 6 – Supremo Tribunal Federal – STF; 1ª turma. Recurso Extraordinário – Relator: Ministro Orozimbo Nonato – *RF* 180/129.
>
> Não provada a ausência de culpa, quer por ter ocorrido negligência, quer pelo mau aparelhamento do serviço, responde o Estado pelos danos causados a particulares em conseqüência de movimento popular.

Conforme abordado anteriormente, no item 4.1, é importante reiterar que os agentes públicos devem ser sancionados na medida de sua culpabilidade, jamais fora desse limite. Quando estiver demonstrada a ausência de aparelhamento no serviço público, a ponto de inviabilizar a atividade funcional, estar-se-á diante de excludente de culpabilidade.

7 – Tribunal de Justiça do Estado de São Paulo – TJSP; 1ª Câmara. Apelação – Relator: Renan Lotufo – *RTJSP* 126/223

Por sua omissão culposa em fiscalizar, a Municipalidade responde por acidente que venha a ocorrer com casa construída clandestinamente, cuja construção foi embargada pelo perigo oferecido.

8 – Tribunal de Justiça do Estado de São Paulo – TJSP; 3ª Câmara de Direito Público. Apelação – Relator: José Cardinale – *JTJ-LEX* 245-95

Indenização. Fazenda Pública. Responsabilidade civil. Explosão de casa de fogos de artifício. Ausência de licença de funcionamento. Negligência da Municipalidade na fiscalização. Ação regressiva movida pela seguradora da vítima. Procedência. Recurso parcialmente provido.

Os dois últimos julgados transcritos, embora não sejam de Tribunais Superiores, possuem exemplos importantes atribuindo responsabilidade ao Estado em caso de omissão no exercício do poder de polícia.

Constituem exemplos do cotidiano que, possivelmente, poderiam ser reduzidos com uma atuação mais efetiva da polícia administrativa.

Conclusão

Ao analisar o poder de polícia, com enfoque na polícia administrativa, percebe-se a incidência de uma função administrativa típica vestida, muitas vezes, com o atributo da executoriedade.

No Estado Democrático de Direito, o exercício do poder de polícia deve assegurar a tranquilidade, a salubridade e a segurança públicas, valendo-se o agente público competente, para o exercício da atividade de polícia administrativa, dos deveres-poderes a ele legalmente atribuídos.

Procurou-se abordar, no presente livro, a importância deste instituto do Direito Administrativo, seus contornos e mecanismos garantidores da sua efetivação.

Não se pode olvidar que a atividade de polícia administrativa caracteriza exercício da função administrativa a ser desempenhada por agentes públicos investidos na competência para disciplinar e restringir direitos e liberdades individuais em favor do interesse público.

Se o Estado, devendo legalmente atuar, se omite, deixa de realizar a boa administração que, sob o manto da lei, é sua obrigação, deve ser, por omissão ilegal, responsabilizado.

Além da responsabilidade estatal, deve ser buscada a responsabilização funcional dos agentes públicos sempre que se verificar o elemento subjetivo em sua conduta (culpa ou dolo). É medida salutar que pode servir como fator de diminuição na omissão do poder de polícia. É, também, dever da Administração exigir de seus agentes a obediência aos deveres funcionais.

Salienta-se, outrossim, que a falta de meios necessários à regular atuação do agente público deve ser considerada excludente de culpabilidade, não se devendo confundir a exigência do zelo funcional com controle arbitrário e abusivo da atividade dos agentes públicos.

Referências

ARAÚJO, Edmir Netto de. *Curso de direito administrativo*. São Paulo: Saraiva, 2005.

ARAUJO, Luiz Alberto David; NUNES JÚNIOR, Vidal Serrano. *Curso de direito constitucional*. 7. ed. São Paulo: Saraiva, 2003.

ATALIBA, Geraldo. *República e Constituição*. 2. ed. 2. tiragem atualizada. por Rosolea Miranda Folgosi. São Paulo: Malheiros, 2001.

BANDEIRA DE MELLO, Celso Antônio. *Curso de direito administrativo*. 27. ed. rev. e atualizada até a emenda constitucional 64, de 04.02.2010. São Paulo: Malheiros, 2010.

BANDEIRA DE MELLO, Celso Antônio. Extensão das alterações dos contratos administrativos: a questão dos 25%. *Revista Brasileira de Direito Público*, Belo Horizonte, v. 1, n. 1, abr./jun. 2003.

BANDEIRA DE MELLO, Celso Antônio. O conteúdo do regime jurídico-administrativo e seu valor metodológico. *Revista de Direito Público*, São Paulo, v. 1, n. 2, out./dez. 1967.

BANDEIRA DE MELLO, Oswaldo Aranha. *Princípios gerais de direito administrativo*. 3. ed. São Paulo: Malheiros, 2007. v. 1.

BEZNOS, Clovis. *Poder de polícia*. São Paulo: Revista dos Tribunais, 1979.

CAETANO, Marcello. *Princípios fundamentais de direito administrativo*. Rio de Janeiro: Forense, 1977.

CAHALI, Yussef Said. *Responsabilidade civil do Estado*. 3. ed. rev. atual. e ampl. São Paulo: Revista dos Tribunais, 2007.

CAMMAROSANO, Márcio. *O princípio constitucional da moralidade e o exercício da função administrativa*. Belo Horizonte: Fórum, 2006.

CANOTILHO, José Joaquim Gomes. *Direito constitucional e teoria da Constituição*. 7. ed. Coimbra: Almedina, 2000.

CARNELUTTI, Francesco. *Como nasce o direito*. 3. ed. Belo Horizonte: Líder, 2003.

CARRAZA, Roque Antonio. *Curso de direito constitucional tributário*. 24. ed. rev. ampl. e atual. São Paulo: Malheiros, 2008.

CARVALHO FILHO, José dos Santos. *Manual de direito administrativo*. 18. ed. rev. ampl. e atual. Rio de Janeiro: Lumen Juris, 2007.

CAVALCANTI, Amaro. *Responsabilidade civil do Estado*. Rio de Janeiro: Laemmert, 1905.

CAVALIERI FILHO, Sergio. *Programa de responsabilidade civil*. 6. ed. 3. tiragem rev. aum. e atual. São Paulo: Malheiros, 2006.

DALLARI, Dalmo de Abreu. *Elementos de teoria geral do Estado*. 28. ed. São Paulo: Saraiva, 2009.

DI PIETRO, Maria Sylvia Zanella. *Direito administrativo*. 19. ed. São Paulo: Atlas, 2006.

DROMI, Roberto. *Derecho administrativo*. 10. ed. Buenos Aires: Argentina, 2004.

FAGUNDES, M. Seabra. *O controle dos atos administrativos pelo Poder Judiciário*. Atualizado por Gustavo Binenbojm, 7. ed. Rio de Janeiro: Forense, 2005.

FIGUEIREDO, Lúcia Valle. *Curso de direito administrativo*. 7. ed. rev. atual. e ampl. São Paulo: Malheiros, 2004.

GASOS, Iara Leal. *A omissão abusiva do poder de polícia*. Rio de Janeiro: Lumen Juris, 1994.

GASPARINI, Diogenes. *Direito administrativo*. 11. ed. rev. e atualizada. São Paulo: Saraiva, 2006.

GORDILLO, Agustín. *Tratado de derecho administrativo*. 5. ed. Belo Horizonte: Del Rey, 2003. (La defensa del usuario y del administrado, t. II).

KELSEN, Hans. *Teoria pura do direito*. Tradução de João Baptista Machado. 6. ed. São Paulo: Martins Fontes, 1998.

LAZZARINI, Álvaro et al. *Direito administrativo da ordem pública*. 2. ed. Rio de Janeiro: Forense, 1987.

LEGUINA VILLA, Jesús. *La responsabilidad del estado y de las entidades públicas regionales o locales por los daños causados por sus agentes o por sus servicios administrativos*. Disponível em: <http://www.cepc.es/rap/Publicaciones/Revistas/1/1980_092_007.PDF>. Acesso em: 7 jul. 2009.

LIMA, Ruy Cirne. *Princípios de direito administrativo*. 3. ed. Porto Alegre: Sulina, 1954.

MEIRELLES, Hely Lopes. *Direito administrativo brasileiro*. 27. ed. São Paulo: Malheiros, 2002.

MEIRELLES, Hely Lopes. *Direito administrativo brasileiro*. 32. ed. atualizada por Eurico de Andrade Azevedo; Délcio Balestero Aleixo; José Emmanuel Burle Filho. São Paulo: Malheiros, 2006.

MIRANDA, Jorge. *Teoria do Estado e da Constituição*. Rio de Janeiro: Forense, 2005.

MUKAI, Toshio. *Direito administrativo sistematizado*. São Paulo: Quartier Latin, 2008.

PAILLET, Michel. *La responsabilidade administrativa*. Tradução de Jesús Maria Carrillo Ballesteros. Bogotá: Universidad Externado de Colômbia, 2001.

PIRES, Luis Manuel Fonseca. *Limitações administrativas à liberdade e à propriedade*. São Paulo: Quartier Latin, 2006.

PIRES, Luis Manuel Fonseca; ZOCKUN, Maurício (Coord.). *Corrupção, ética e moralidade administrativa*. Belo Horizonte: Fórum, 2008.

PIRES, Luis Manuel Fonseca; ZOCKUN, Maurício (Coord.). *Intervenções do Estado*. São Paulo: Quartier Latin, 2008.

PIRES, Rita Calçada. *O pedido de condenação à prática de acto administrativo legalmente devido*: desafiar a modernização administrativa?. Coimbra: Almedina, 2006.

RIVERO, Jean. *Direito administrativo*. Tradução de. Doutor Rogério Ehrhardt Sores. Coimbra: Almedina, 1981.

SILVA, José Afonso da. *Curso de direito constitucional positivo*. 2. ed. rev. e atual. São Paulo: Malheiros, 2005.

STOCO, Rui. *Tratado de responsabilidade civil*: doutrina e jurisprudência. 7. ed. rev. atual. ampl. São Paulo: Revista dos Tribunais, 2007.

SUNDFELD, Carlos Ari. *Direito administrativo ordenador*. 3. tiragem. São Paulo: Malheiros, 2003.

TÁCITO, Caio. *O abuso de poder administrativo no Brasil*: conceito e remédios. Rio de Janeiro: Dasp, 1959.

TÁCITO, Caio. O poder de polícia e seus limites. *Revista de Direito Administrativo*, Rio de Janeiro, v. 27, p. 1-10, jan./mar. 1952.

TÁCITO, Caio. *Temas de direito público*. Rio de Janeiro: Renovar, 1997. v. 1.

VIEIRA, Luiz Vicente. *A democracia em Rousseau*: a recusa dos pressupostos liberais. Porto Alegre: EDIPUCRS, 1997. (Coleção Filosofia, 52).

LEGUINA VILLA, Jesús. La responsabilidad del estado y de las entidades públicas regionales o locales por los daños causados por sus agentes o por sus servicios administrativos. Disponível em: <http://www.cepc.es/rap/Publicaciones/Revistas/1/1980_092_007.PDF>. Acesso em: 07 jul. 2009.

ZANCANER, Weida. *Da responsabilidade extracontratual da administração pública*. São Paulo: Revista dos Tribunais, 1981.

ZANCANER, Weida. Responsabilidade do Estado, serviço público e os direitos dos usuários. *In*: FREITAS, Juarez (Org.). *Responsabilidade civil do Estado*. São Paulo: Malheiros, 2006.

ZOCKUN, Carolina Zancaner. *Da intervenção do Estado no domínio social*. São Paulo: Malheiros, 2009.

ZOCKUN, Carolina Zancaner. Princípio da Moralidade: algumas considerações. *In*: PIRES, Luis Manuel Fonseca; ZOCKUN, Maurício; ADRI, Renata Porto (Coord.). *Corrupção, ética e moralidade administrativa*. Belo Horizonte: Fórum, 2008.

ZOCKUN, Maurício. O *"poder de polícia" e natureza jurídica das "taxas" destinadas ao fundo de fiscalização das telecomunicações (fistel)*. Disponível em: <http://www.zockun.com.br/Artigos.aspx>. Acesso em: 05 maio 2009.

Índice de Assuntos

A
Abstenção do poder público.....75, 76, 97
Administração Pública
- Atividade irrazoável ou injustificada............................90
Agente(s) público(s)............26, 27
- Aparelhamento suficiente.......95
- Atos de improbidade
- - Prejuízo ao erário
- - - imprescritíveis.....................84
- Dever...97
- - De agir.....................................98
- - De eficiência....................99-100
- - De prestar contas................101
- - De probidade.................100-101
- Falta de aparelhamento...79, 106
- - Exclusão de culpabilidade...79-80
- Indenização a terceiros
- - Danos causados...............85, 86
- Omisso.....................60, 81, 97, 98
- Prerrogativas............................26
- Sujeições...................................26
Ato(s) administrativo(s)............43
- Atributos..............................43, 45
- - Executoriedade......................45
- - Exigibilidade..........................44
- - Imperatividade.......................44
- - - poder extroverso................44
- - Presunção de legitimidade...43-44
- - Presunção de legitimidade e veracidade...........................43
- Definição..............................42-43
Atos de governo....................20-21

C
Caso fortuito...............................66
Constrições à liberdade............33
Constrições à propriedade........33

D
Danos anormais.........................63
Danos causados por movimentos multitudinários...................80-81
Danos da atividade lícita..........63
Danos especiais..........................63
Danos indenizáveis
- Características 64
Direito administrativo
- Conceito....................................24
Direito de petição............78, 86-87
Direito de representação......86-87

| página | página |

Direito Português
- Pedido de condenação à prática de acto devido..................92-93
- Pedido de impugnação 92
Direito subjetivo 76-77, 78, 91

E
Erário..84
Estado
- Atuação estatal 94
- Definição 15
- Elementos identificadores do... 16
- Função administrativa
- - Definição 19
- Função jurisdicional
- - Definição 18
- Função legislativa
- - Definição 18
- Função política 20
- - Exemplo 20
- Povo 16
Estado de Direito.......................20
Estado de Polícia 20

F
Força maior 66

I
Infração ao dever funcional 89

N
Normas 23-24

O
Omissão
- Na esfera administrativa.........74
- Na esfera civil............................74
- Na esfera criminal...............74-75
- Nas infrações funcionais.........74
Omissão específica 68-69
Omissão estatal...........................75
Omissão genérica 68
Ordenamento jurídico 23-24

P
Poder de polícia
- Definição 50-53
- Exercício 91, 96, 109
- - Omissão dos agentes públicos...................................14
- Limite....................................53-55
- Omissão............ 57-60, 96-97, 107
- - Agente público.......................59
- Sentido amplo 53
- Sentido estrito (polícia administrativa) 53
Polícia
- Época feudal 48
- - Atividade de polícia...............48
- Estado liberal........................48-49
- Grécia antiga........................47-48
- Roma..48
- Século XIV, XV, período absolutista 48
- - Noção de polícia 48

Polícia administrativa 51, 53,
54, 89, 95, 107, 109
- Atividade 13, 55, 97, 109
- Exercício do poder de 13
Princípios 24
Princípios da Administração
Pública
- Princípio da eficiência ... 38, 59, 60
- Princípio da finalidade 31
- - Desvio da finalidade 31
- Princípio da impessoalidade 34,
35, 59, 60
- Princípio da indisponibilidade
do interesse público 25,
27, 83, 88
- Princípio da isonomia 35
- Princípio da legalidade 27, 28,
54, 59
- - Consequências na aplicação
do 41-42
- - Para a Administração
Pública 28
- - Para os particulares 29
- Princípio da moralidade
administrativa 36, 59-60
- Princípio da motivação 33, 34
- - Motivação 34
- - Motivo 34
- Princípio da
proporcionalidade 32, 33
- Princípio da publicidade 35

- Princípio da qualidade do
serviço prestado
Ver Princípio da eficiência
- Princípio da razoabilidade 32
- Princípio da responsabilidade
do Estado por atos
administrativos 37
- Princípio da segurança
jurídica 38, 39
- Princípio da supremacia do
Estado sobre o particular 42
- Princípio do controle judicial
dos atos administrativos 37
- Princípio do devido processo
legal e da ampla defesa 36

R
Regime de supremacia
Ver Sujeição
Regras 24
Relação de sujeição
Ver Supremacia especial
Responsabilidade civil
do Estado 67, 70
Responsabilidade do Estado 58,
61, 63-64, 68, 80, 94
- Omissão 61, 70, 71
Responsabilidade estatal 57, 65,
75, 109
Responsabilidade extracontratual
do Estado 63-64, 81, 88
- Ação regressiva 81, 82, 83-84,
102, 104

página	página

Responsabilidade objetiva...37, 65, 66, 67, 68-69, 70, 71,72
Responsabilidade subjetiva 37, 69, 70, 75, 100
Responsabilização do agente público 71-74
Responsabilização do Estado
- Por conduta omissiva 69
Responsabilização funcional 13, 79, 95, 109, 110

S
Sujeição
- Definição 39-40,59
Supremacia especial............. 40, 41
- Definição 39

T
Teoria da representação 57
Teoria da responsabilidade objetiva do fornecedor............. 72
Teoria da responsabilidade subjetiva...................... 69, 70, 106
Teoria da tripartição dos Poderes 17
Teorias do mandato 57
Teoria do órgão..................... 57-58
Teoria do risco administrativo 66-67
Teoria subjetiva......................... 105

Índice da Legislação

A
Apelação nº 1.549/89 91

B
Brasil [Constituição (1924)] 94
- art. 99 94
- art. 179, XXIX 94
Brasil [Constituição (1988)]
- art. 1º, parágrafo único 16
- art. 2º 17
- art. 3º, I a IV 16
- art. 5º
- - II 29
- - XXV 62
- - XXXV 77
- - XXXIV 78
- art. 37 28
- - §5º 82, 84
- - §6º 37, 61, 67, 68, 84, 85, 101, 102, 104
- art. 74, §2º 87
- art. 93, X 34

C
Código Civil
- art. 43 72
- art. 248 73

- art. 668 101
- art. 927 73
- - Parágrafo único 73
Código de Defesa do Consumidor
- art. 14 72
Código Penal brasileiro de 1940 até 2005 51
- art. 18
- - I 72
- - II 72
- - - parágrafo único 72
- art. 312 a 327 75
- art. 319 60
Código Tributário Nacional
- art. 78, *caput* 52
- art. 78 52
- Parágrafo único 52

L
Lei nº 4.619/65 85
- art. 1º 83
- art. 2º 83
- art. 3º 83, 86
- art. 4º 83
- - §1º 83
- - §2º 83
- art. 5º 84

	página
- art. 6º	84
- art. 7º	84
Lei nº 4.717/65	
- art. 1º	88
- art. 5º, LXXIII	87
- art. 6º	87
Lei nº 6.938, de 31 de agosto de 1981	79
Lei nº 8.112/90	73, 94
- art. 121	73
- art. 122	73
- - §1º	73
- - §2º	73
- art. 124	98
- art. 125	99
- art. 126	99

	página
- art. 127, I a VI	74, 98
- art. 127	
- - I	99
- - II	99
- - III	99
- - IV	99
- - V	99
- - VI	99
Lei nº 9.784/99	
- art. 2º, *caput*	32, 34
- art. 2º	33
Lei nº 9.873/99	99
Lei nº 11.106/05	51

P

Plenário nº 13/01 85

Índice Onomástico

A
Adri, Renata Porto 29
Alessi, Renato 44
Anabitarte Alfredo Gallego 41
Andrade, Letícia Queiroz de 54
Araújo, Edmir Netto de 29
Araujo, Luiz Alberto David 30

B
Bandeira de Mello, Celso Antônio.... 19, 20, 24, 25, 26, 27, 33, 35, 38, 42, 43, 44, 52, 63, 65, 69, 71, 77, 80, 103
Bandeira de Mello, Oswaldo Aranha 20, 37
Beccaria, Cesare 76
Beznos, Clovis 47, 48, 49, 51

C
Caetano, Marcello 29
Cahali, Yussef Said 58, 95
Cammarosano, Márcio 36
Carraza, Roque Antonio 55
Carvalho Filho, José dos Santos 38, 68
Cavalcanti, Amaro 96
Cavalieri Filho, Sergio 65

D
Dallari, Dalmo de Abreu 15
Di Pietro, Maria Sylvia Zanella 34, 39, 43
Dromi, Roberto 62

F
Fagundes, M. Seabra 28
Figueiredo, Lúcia Valle 30, 50
Freitas, Juarez 62

G
García de Enterría, Eduardo 93
Gasos, Iara Leal 60, 70, 72-73, 81, 89
Gasparini, Diogenes 32, 67, 82, 86, 98
Gordillo, Agustín 50

J
Jellinek 33

L
Leguina Villa, Jesús 64, 73
Lima, Ruy Cirne 30

	página		página

M
Meirelles, Hely Lopes 24, 29
Montesquieu 17, 18
Mukai, Toshio 53

N
Nunes Júnior, Vidal Serrano 30

P
Pires, Luis Manuel Fonseca 29, 39
Pires, Rita Calçada 92

R
Rivero, Jean 26, 28, 31
Romano, Santi 29
Rousseau, Jean-Jacques 16

S
Silva, José Afonso da 17
Silva, Viviane Vieira da 11
Stoco, Rui 80
Sundfeld, Carlos Ari 40, 41

T
Tácito, Caio 27, 48, 49, 50, 52, 75

V
Vieira, Luiz Vicente 16

Z
Zancaner, Weida 62, 63, 105
Zockun, Carolina Zancaner 12, 29

Esta obra foi composta em fonte Palatino Linotype, corpo 10
e impressa em papel Offset 75g (miolo) e Supremo 250g (capa)
pela Edelbra Gráfica Ltda.
Erechim/RS, setembro de 2011.